はじめに
世の中の「ダイエット法」を医者の目でみずから検証し見つけた確実に継続できて効果を実感できるやせ方をお伝えします

■私も体重77キロ、ウエスト82センチでおなかが大きく突き出た「メタボ寸前の肥満体型」でした

ご縁があって本書を手に取ってくださったのは、今のご自身の「体型」になんらかの「悩み」や「不満」を抱えておられる方々でしょう。「おなかの脂肪」は、老若男女を問わず、現代人共通の悩み。それは、私も例外ではありませんでした。

今でこそ少しは人様にお見せできる体型になった私ですが、次ページの一番左側の写真をご覧ください。何を隠そう、**身長172センチ、体重77キロ、ウエスト82センチ、*体脂肪率21・6％**で、おなかがポッコリと出た肥満体型だったのです。

どうでしょう。一気に親近感が湧《わ》いてこないでしょうか。

＊体重に占める脂肪の割合。男性は20％以上、女性は30％以上で肥満。

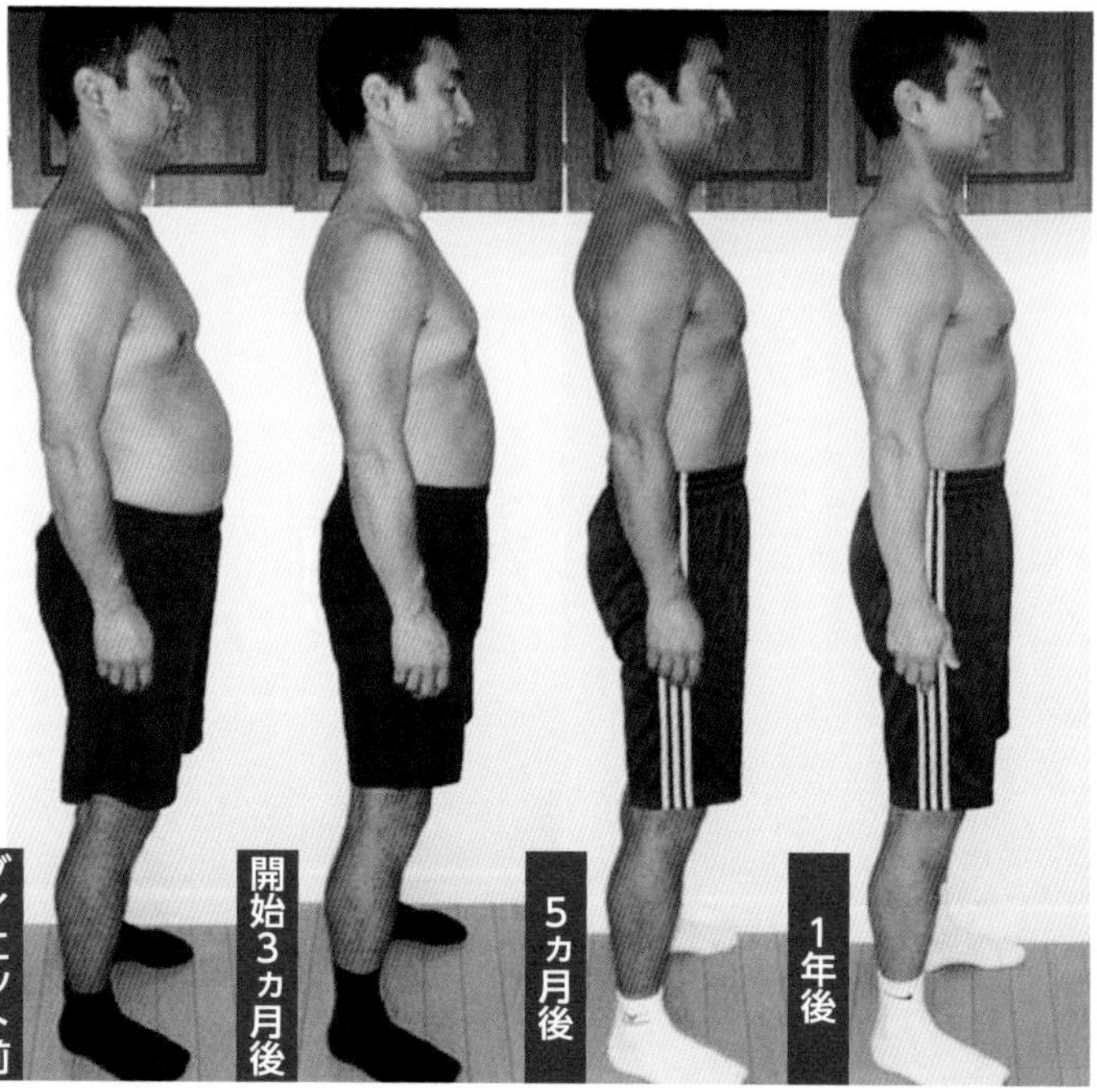

太鼓腹のメタボ寸前の体型だったが、おなかの脂肪が減って引き締まり全身に筋肉がついた

　そのとき思ったことはみなさんと同じ。そうです。「このままではいけない」です。肥満した医者に「もう少し体重を減らしましょう」と指導されても、誰一人、聞く耳を持つはずがありません。

　そこで一念発起するわけですが、どうすればいいのか、正直いって、やり方がよくわかりませんでした。「医師なのになぜ?」と思うかもしれません。

　おなかにたまった脂肪を減らしてスリムで引き締まった体型になるには、**「栄養学」**と**「トレーニング学」**の知識が欠かせません。ところが、大学の医学部ではどちらも習わないのです。脊椎《せきつい》専門医である私も当然、「生理学」「解剖《かいぼう》学」「内科学」などの医学知識は身につけていますし、摂取カロリーが消費エネルギーを上回れば肥満を招くことや、カロリー制限をして運動するのが重要なことはわかります。

でも、どうしたら、本当に効果的で、健康的で、無理なく長続きするのか、その「正解」がわからなかったのです。

■ダイエットを決意するも、ちまたのダイエット法は継続が困難で、医学的に「?」がつくものばかりでした

「やせよう」と決意した私は、まず、当時流行していたダイエット法を調べてみました。すると、カロリー制限や糖質制限、ファスティング（断食《だんじき》）のほか、1日1万歩ウォーク、パイナップルダイエット、ヨーグルトダイエットなどさまざまな方法が見つかりました。ところが、こうしたダイエット法のほとんどは、疑問符「?」がつくものばかりだと感じました。間違っているという意味ではなく、現実には継続が難しく、効果についても信頼できる医学的なエビデンス（科学的根拠）が不足しているように感じました。

毎回の食事で一般の人が摂取カロリーを正確に計算しつづけるのは難しいでしょ

う。摂取カロリーが同じでも、どの栄養素をどのくらいの割合でとっているかも問題です。糖質制限は確かに短期的には効果がありますが、長期間続けられる人は少ないでしょう。断食や「これを食べればやせる」系の単品ダイエットでは、体に必要な栄養素まで不足し、体調不良を招かないのかと心配になります。

はたまた1日1万歩歩いたところで、ふだんと同じ速度では、運動強度が低くて消費エネルギーはさほど増えません。筋トレもいいですが、筋肉はすぐ増えてはくれませんし、少し増えたところで代謝が上がるのは実はごくわずかです。

つまり、ちまたのダイエット法はそれなりに効果があるのでしょうが、その一部だけが誇張されているものが少なくないように感じました。少なくとも**「継続」や「長続き」という観点はほぼない**、と思いました。

私は医師という職業柄、科学的な根拠や現実性（実行可能かどうか）が伴っていなければ、安易に信用しないという性格です。そして、自分でも行ってみて正しいと確信できる方法であれば、それをわかりやすいように嚙《か》み砕いて、ぜひ患者さんや読者の方々に還元したいと考えています。本書では、そのような私の研究結果をできるだけ丁寧にわかりやすく紹介していきたいと思います。

■栄養学やトレーニング学を学び直し試行錯誤しながら「長続きする無理のないやせ方」を見つけました

話は、私自身のダイエットに戻ります。最初に始めたのは筋トレでした。学生時代に趣味でやっていたからです。一生懸命に筋トレをすると、少しずつですが筋肉がついてくる実感があります。でも、なかなかやせられず、おなかの脂肪も落ちません。

そこで、食事の重要性に改めて気づきました。あとの記事でも述べますが、**体脂肪を減らすには、筋トレをして代謝を上げ消費エネルギーを増やすことも大事ですが、実は摂取カロリーを抑えるほうがずっと効率的です。**少し考えればあたりまえなのですが、そのことを、身をもって経験しました。ただ、摂取カロリーを抑えようとして食事量を極端に減らしては、絶対に長続きしません。それどころか、栄養が不足すればかえって筋肉が落ちて太りやすくなってしまいます。食事面では、「暴走する食欲」をいかに抑えるかという問題もあります。食欲の暴走を防いで摂取カロリーを無理なく抑え、それを継続させるにはどうすればいいか、試行錯誤しながら私なりの結論を導き出しました。

また、食事量もさることながら、**いつ、何をどれだけ食べればいいか**、という「食べ方」の問題も出てきます。**糖質・脂質・たんぱく質の3大栄養素の理想的なとり方**を学び、栄養学のさまざまな知見を取り入れました。そして、そうした知見を実際の日常生活に落とし込み、どうすれば**ふだんの生活で長続きさせやすいか**を徹底的に考え、独自のダイエットメソッドを考案するにいたったのです。

■それは多忙でデスクワーク中心の私でもらくにやせられる方法で、事実、おなかの脂肪が見事に落ちました

するとどうでしょう。おなかの脂肪がみるみる落ちていきました。改めて2ページの写真をご覧ください。これはすべて、私の体型の変化を写した写真です。左から順に、ダイエット開始前→3ヵ月後→5ヵ月後→1年後の写真です。我ながら見事な太鼓腹が、3ヵ月後にはだいぶスッキリし、5ヵ月後にはすっかり消えてなくなっていました。よく見るとひじの角度が変わっていますが、これは体のバランスや重心位置が変化してきた結果です。**約半年間で体重は5キロ減少。体組成計で測ったら体脂肪量が4・5キロ減っていました。つまり、ほぼ体脂肪だけ減らすことに成功したのです。**

「ベストボディ」の大会で
グランプリを受賞

この写真を見たみなさんは、「どうせ食事量を大幅に抑えて、過酷なトレーニングをしたに違いない」と思うかもしれません。いいえ、決してそうではありません。私の生活は、診療、手術、研究など、終わる時間もまちまちで、生活も不規則。トレーニングに費やす時間も取れたり取れなかったり。そんな私でも、ダイエットを継続でき、**筋肉をつけながらおなかの脂肪を大幅に減らし、引き締まった体型を手に入れることができたのです。**

■単に脂肪が減っただけでなく、トレーニングを増やしたら筋肉もつき、ボディコンテストで入賞できました

おなかの脂肪が減って体型の変化が目に見えてわかると、不思議と、ダイエット自体がおもしろくなってきます。筋トレにも自然と熱が入りますし、食事内容にも気を配るようになります。歯磨きと同じように、しないと気持ちが悪いと感

じるようになるのです。

そうこうするうちに一つの目標ができました。それは、「ボディコンテスト」の大会に出場することです。私が出場したのは、**「ベストボディ」**という大会です。最近、T・M・レボリューションの西川貴教《にしかわたかのり》さんが優勝したことでも注目を集めたので、ご存じの方も多いかもしれません。簡単に説明すると、ボディビルダーのように筋肉の大きさを追求するのではなく、**ウエストが引き締まり全身のバランスの取れた健康美**をめざすのがベストボディです。私は、2017年の東京オープン、2018年と2019年のホノルル大会のゴールドクラス（50歳以上の部）で、グランプリを受賞することができました。

「ベストボディ・コンテスト」では、筋肉量よりも、引き締まった体とバランスの取れたスタイルが重視される（2017年の東京オープン、2018年、2019年のホノルル大会で「ゴールドクラスグランプリ」を受賞）

■そして57歳にしてこの体。もちろん健康診断も異常なし。健康的にやせられた結果にほかなりません

私自身は、目的や目標を持ってトレーニングをし、食事の内容を考えて体脂肪を減らし、引き締まった体型になることができました。それには単に食事制限だけでなく、運動が大切であったと身をもって実感しました。

高血圧や糖尿病、脂質異常症（高脂血症）などの内科的な疾患《しっかん》の治療に、食事療法や運動療法を取り入れると、薬を減らせたり、不要になったりする場合があります。事実、私も中性脂肪値が３５６ミリグラム（基準値は１５０ミリグラム未満）もあり、薬も飲まずに放置していましたが、やせたら、１２０ミリグラムの正常値に下がりました。血圧も太っていたときより10ミリくらい下がりました。現在、内科的な薬は何も飲んでいないので、とても身軽です。やはり、適度な運動や適度な食事は体にもいいわけです。

体型を変えるには、生活を変えないといけませんが、無理や我慢を伴うなら、決して長続きしません。ちまたに氾濫《はんらん》する「すぐに」「簡単に」はあり得ず、めざすべきは「確実にやせる」ことです。そのためには、食事を制限するだけでなく、「食の楽しみ」という観点も重要です。本書では、読者の方々が個々に考える「理想の体型」に少しでも近づける方法をアドバイスしていきたいと思います。

整形外科専門医　フィットネストレーナー　**吉原 潔**

朝はこれだけ！ 代謝を底上げして体脂肪を燃やす「肩甲骨1分体操」でまずはやせるスイッチをオン！

■朝1分早起きするだけ。腕と肩を動かすだけの朝の簡単習慣

やせて見栄えのする体型になりたいと考えたとき、多くの人が始めるのが食事と運動習慣の見直しです。どちらも正しいのですが、その前に私から提案したいのが、ほんの少しの「代謝の底上げ」です。

「褐色脂肪細胞《かっしょく》」をご存じでしょうか。簡単にいうと、細胞のエネルギー工場といわれるミトコンドリアという褐色の小器官が多い**「体脂肪を燃焼させる脂肪細胞」**です。もともとは体温を維持するための細胞で、胎内《たいない》よりも気温が低い外気にさらされる乳幼児のころには全身に多く存在し、体脂肪（白色脂肪細胞）を燃焼させて体温を保つ役割を果たします。ところが、加齢とともに体温維持の役割が筋肉などに移行すると、褐色脂肪細胞は減少し、肩甲骨周辺だけに存在するようになります。

成人でも、朝起きたときに肩甲骨《けんこうこつ》周辺の筋肉を動かすと、褐色脂肪細胞が活性化し

褐色脂肪細胞を刺激して代謝をアップ！

●褐色脂肪細胞のある部位

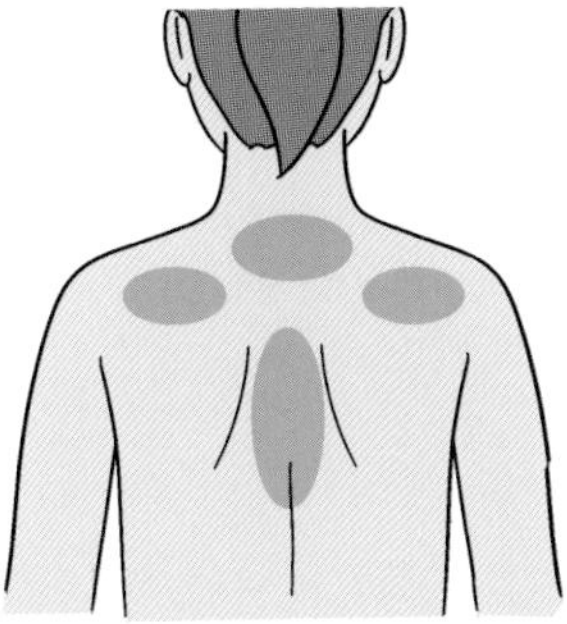

成人になると肩甲骨周辺だけに存在するようになる。

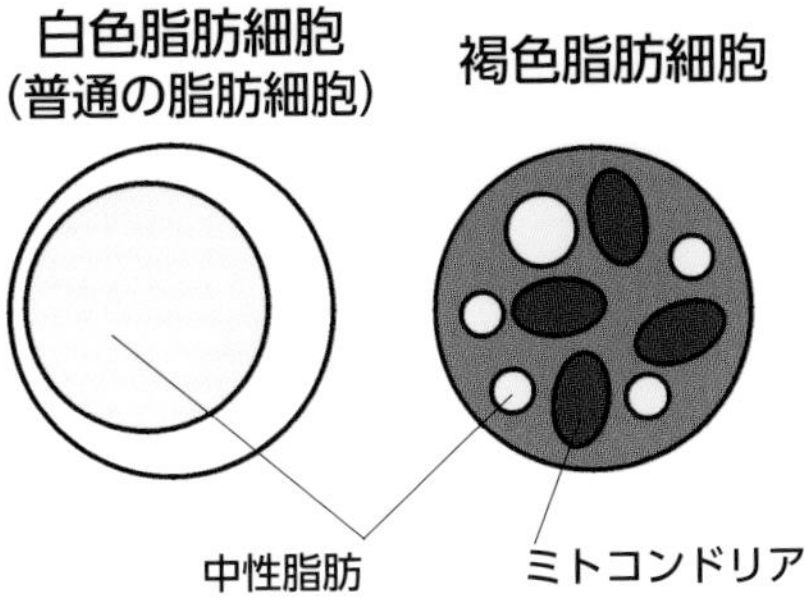

褐色脂肪細胞とは、体脂肪を燃焼させる働きがある脂肪細胞のこと。乳幼児期には体内に多く存在するが、加齢とともに減少していく。

て代謝が高まり、体脂肪を消費しやすい状態になります。ほんのわずかな差ですが、毎朝、肩甲骨を動かして熱産生を促すと「塵《ちり》も積もれば山となる」でダイエット効果が期待できます。

そこで、おすすめしたいのが、朝の**「肩甲骨1分体操」**です。ダイエットというと、毎朝30分早起きしてジョギングなどを行う人がいますが、現実的には挫《ざ》折《せつ》する人が少なくありません。肩甲骨1分体操なら、いつもよりほんの1分ほど早起きするだけで、やせるスイッチをオンにすることができます。やってみると、**体が驚くほどポカポカしてくる**のが実感できるでしょう。

頭も体も目覚めてリフレッシュでき、1日をアクティブに過ごせる毎朝の習慣として、ぜひ取り入れてみてください。

朝は
これだけ！

肩甲骨１分体操

体操の目的

朝、起きたら、肩甲骨周辺の筋肉を意識しながら腕を大きく動かすことで、褐色脂肪細胞を刺激し、体脂肪を燃焼しやすい状態に導く。

■両腕を前後に振る

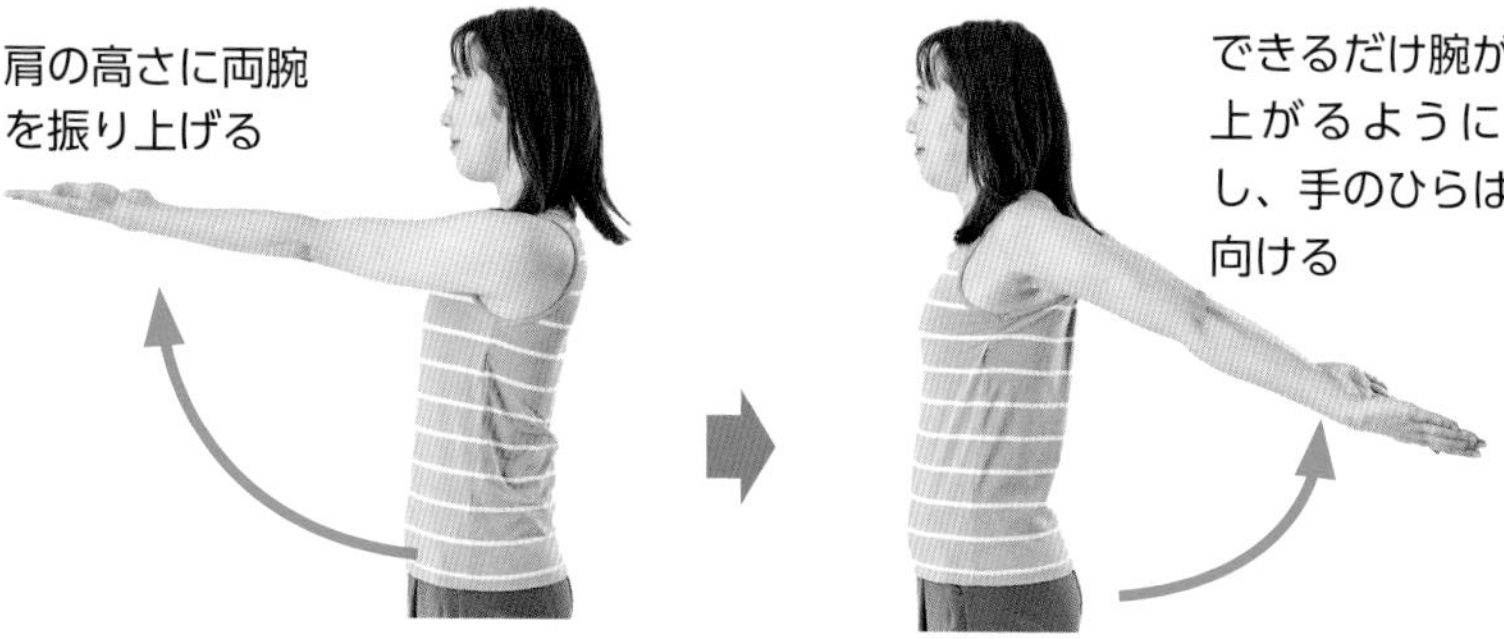
肩の高さに両腕を振り上げる
できるだけ腕が高く上がるように意識し、手のひらは上に向ける

❶ 直立姿勢で両腕を肩の高さにまで振り上げたら、手のひらを下に向けて後ろに振る。手のひらを返しながら両腕を再び前に振る。20 回くり返すのを１セットとする。

■両腕を左右に振る

体の前で両腕をクロスする
両腕を水平に広げて胸を張る
肩甲骨どうしを寄せる

上になる腕を、１回ずつ入れ替える

❷ 両腕を前に伸ばしてクロスさせたら、両腕を左右に振り広げて肩甲骨どうしを寄せるように意識する。再び両腕を体の前に戻す動作を１回として 20 回くり返すのを１セットとする。

■両腕を大きく回す

大きな円を描いて肩甲骨
を動かすことを意識する
両腕を前から
後ろに回す

❸ 両腕を下から上に大きな円を描くように回す。20 回くり返すのを 1 セットとする。

【❸のアレンジ】 **ひじを回してもいい**

両腕を大きく回すスペースがない場合には、ひじを曲げ、下から上に大きな円を描くようにひじを回してもいい。20 回くり返すのを 1 セットとする。

鎖骨に親指を当てて行うといい。

❶〜❸（または❸のアレンジ）を
各1セットずつ、
合計して
約 **1分間**を
目安に行うことで、
代謝を底上げすることができる。

これからの人生、太ったままで過ごしたいですか？
それとも、スリムな若々しい体型で過ごしたいですか？

■やせたいあなた。単にやせるだけで満足ですか？めざしたいのはどんな体型ですか？

「やせたい」と願う人は、本当にたくさんいます。しかし、そういう方の多くは、「やせること」と「体重を減らすこと」が同義になっているのです。もちろん、その2つは似てはいますが、実は違うのです。

人間の体型、つまりスタイルは、骨の周囲を取り巻く筋肉と、その上にある皮下脂肪の量で決まります。通常であれば、体重が減るときには体脂肪だけでなく、筋肉も減ってしまうのです。食事制限だけで体重を落とすと、筋肉の減る割合が高くなります。脚であれば、ガリガリの棒のような脚に近づき、階段を上がるときも筋力不足ですぐに疲れてしまうような「やせ衰えた体」になっていくのです。それをさける意味

「なりたい体型」を具体的にイメージ

●男性はどのような体型になりたいかを想像してみる

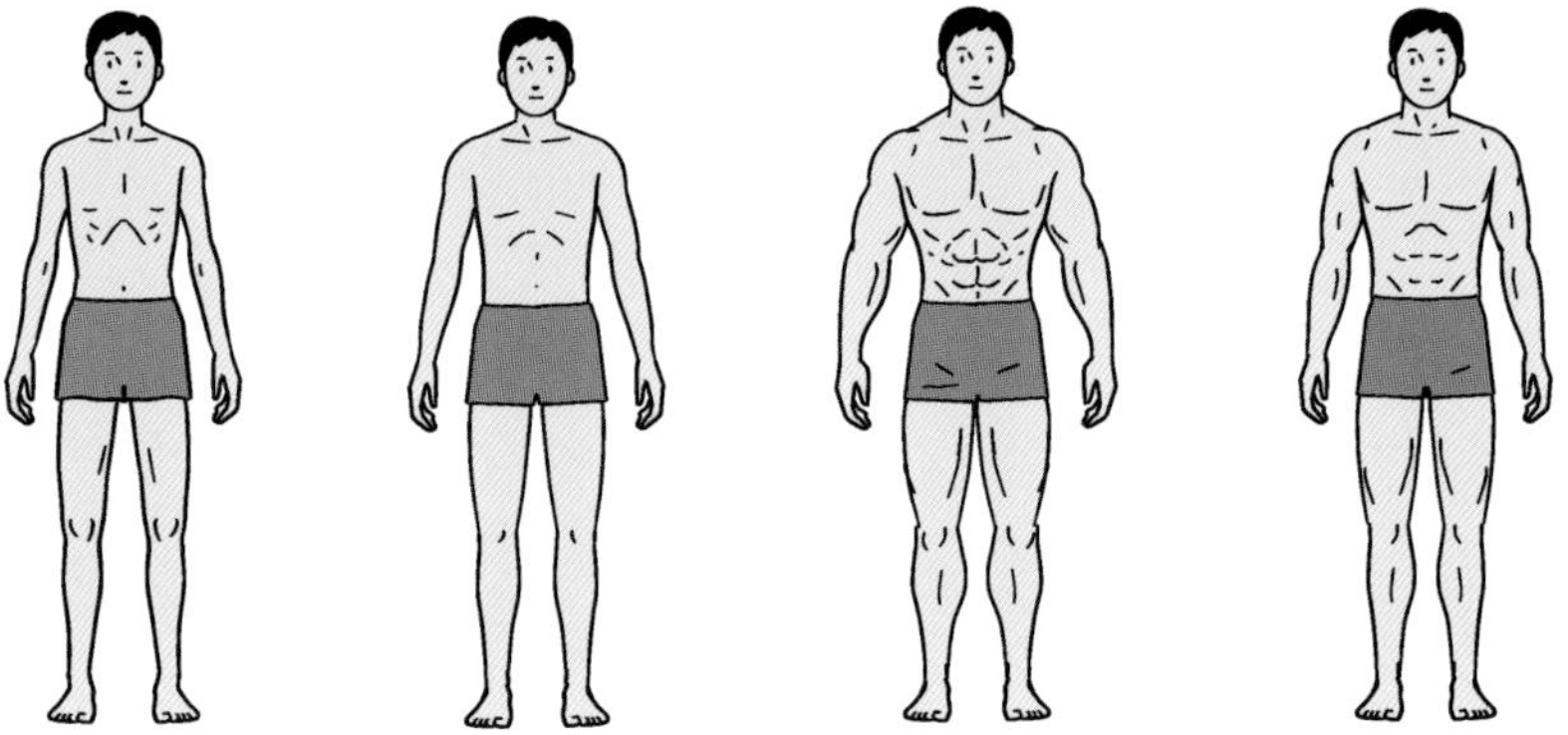

とにかく体重を落としたい

体脂肪を減らせれば、筋肉はあまり気にしない

しっかり筋肉をつけたい

体脂肪も減らしてそれなりに筋肉もつけたい

●女性も同様。どのような体型になりたいかを想像してみる

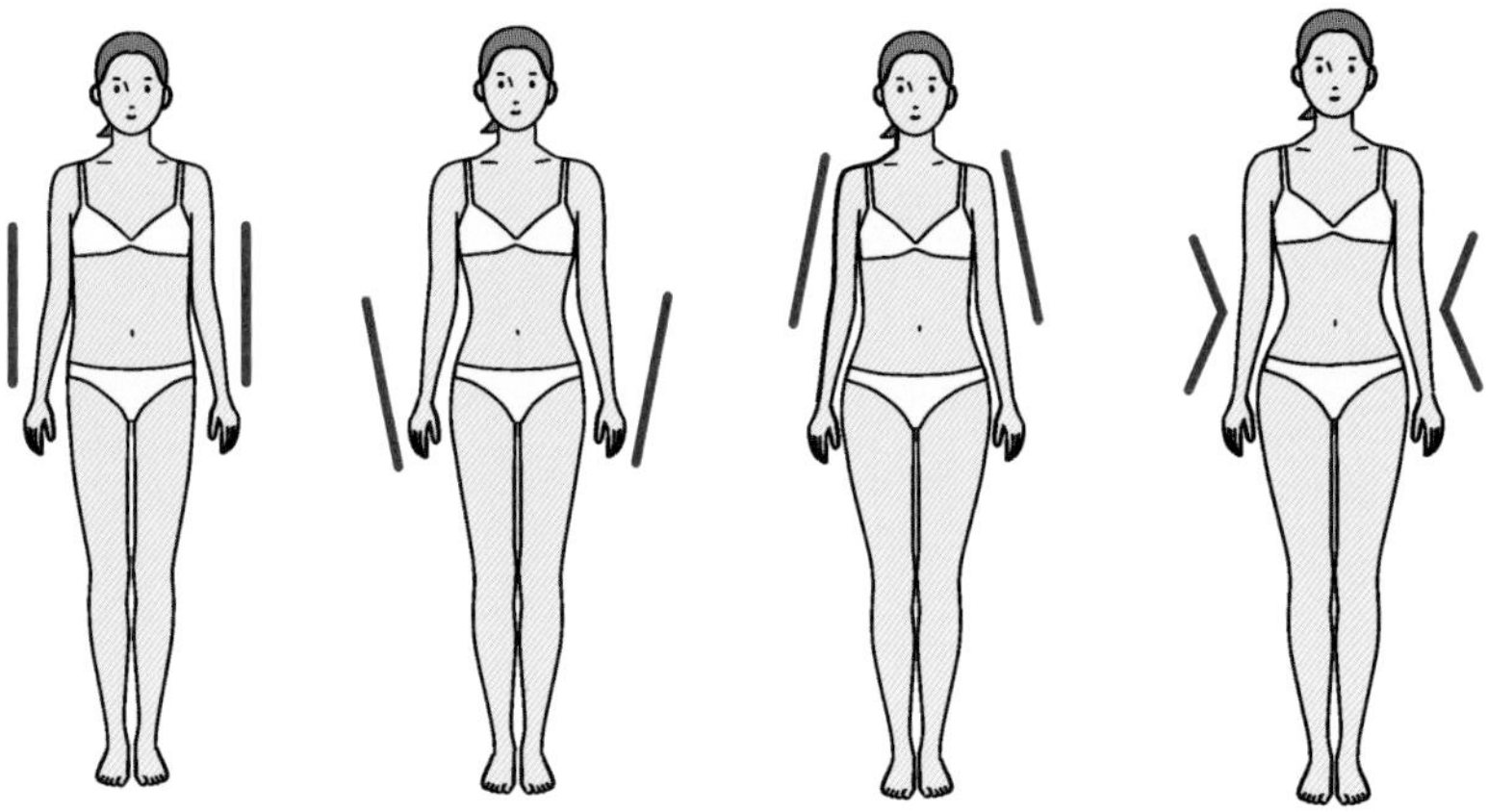

体重を減らせれば、体型はあまり気にしない

下半身の太さが目立たない体型になりたい

肩や両腕を細くしてきゃしゃな体型になりたい

ウエストがしっかりくびれた体型になりたい

でも、食事制限とともに筋トレや有酸素運動で体を動かすことが大切です。

あなたの本当の願いは、無駄な体脂肪だけを減らして、見栄えをよくすることではないでしょうか。どうせなら、そのうえでボディメイクをして、いわゆる「映《ば》える体型」をめざしてみてはいかがでしょうか。めざす体型が決まっていれば、モチベーションを維持することも簡単になってきます。これは男女を問わずいえることです。

■私は「ビーチでサーフパンツが似合うカッコいい体型」「脱げる体」「動ける体」をめざしました

私の場合は、「ビーチでサーフパンツが似合うカッコいい体型」「脱げる体」、そして「動ける体」をめざしました。そして、コンテストに出ることを目標にしたのです。なぜ、目標設定が必要なのかというと、体脂肪の量を減らすことに重きを置くのか、筋肉を大きくすることを中心にするのかによって、ダイエットの方法が違ってくるからです。運動のしかたや食事の方法、内容も変わってきます。

私がめざしたのは、「ベストボディ」というコンテストへの出場で、**健康美や全身が引き締まった体、バランスの取れたスタイル、ルックスや表情、表現力、ウォーキ**

「やせたらどうなりたいか」を想像する

●私はボディコンテストに出場することを目標にしました

40代から筋トレを始めて、50代で「ベストボディ」のコンテストに出場。「ゴールドクラス」という階級でグランプリを3回獲得

ダイエットは、どこにどのような筋肉をつけるかを考えることが重要。めざす体型によって、運動や食事のしかたが違ってくる

ングを含めた身のこなしなどが審査されるものです。

よく勘違いされるのですが、ベストボディは、筋肉一つひとつの大きさや形が審査対象になる「ボディビル」とは少し違うものです。ボディビルも素晴らしい競技ですが、ベストボディではあくまでも健康美、バランスの取れた体型が男女ともに求められます。

このコンテストに出場するために覚えた、**いい姿勢の保ち方やスムーズな動き方、ポージングの表現力**などは、ふだんの生活でも、自分を若々しく、生き生きとした姿に見せるのに役立っています。

■体をデザインするのは「筋肉」。「筋肉をつけながら体脂肪を減らす」のが最高のやせ方です

単純にやせるのであれば、体脂肪を減らすだけで事足ります。しかし、体型を整えて見栄えのする体にしたいのであれば、筋肉を鍛えて発達させる必要があります。**「体脂肪」＝「減らすもの」**であるのに対し、**「筋肉」＝「盛るもの」**という考え方を持ってください。

筋肉は刺激を与えて鍛えていかなければ、確実に衰えていきます。これを年齢のせいにしてあきらめていてはいけません。人間は**何歳になっても筋肉を肥大させることができる**という報告があり、事実、私自身も40歳を過ぎてから筋肉をつけ、57歳の現在が人生で最大の筋肉量です。「筋肉をつけながら体脂肪を減らしていく」のが理想的なボディメイクです。

また、「どの部分の筋肉を大きくしていくか」ということも考えておきましょう。例えば、「分厚い胸板を作りたい」のであれば、胸の胸筋群と肩関節を覆う三角筋、そして背中側の筋肉群を鍛える必要があります。

どの筋肉を重点的に鍛えるかを考える

●筋肉は盛るもの。どの筋肉を鍛えるかで体型は変わる

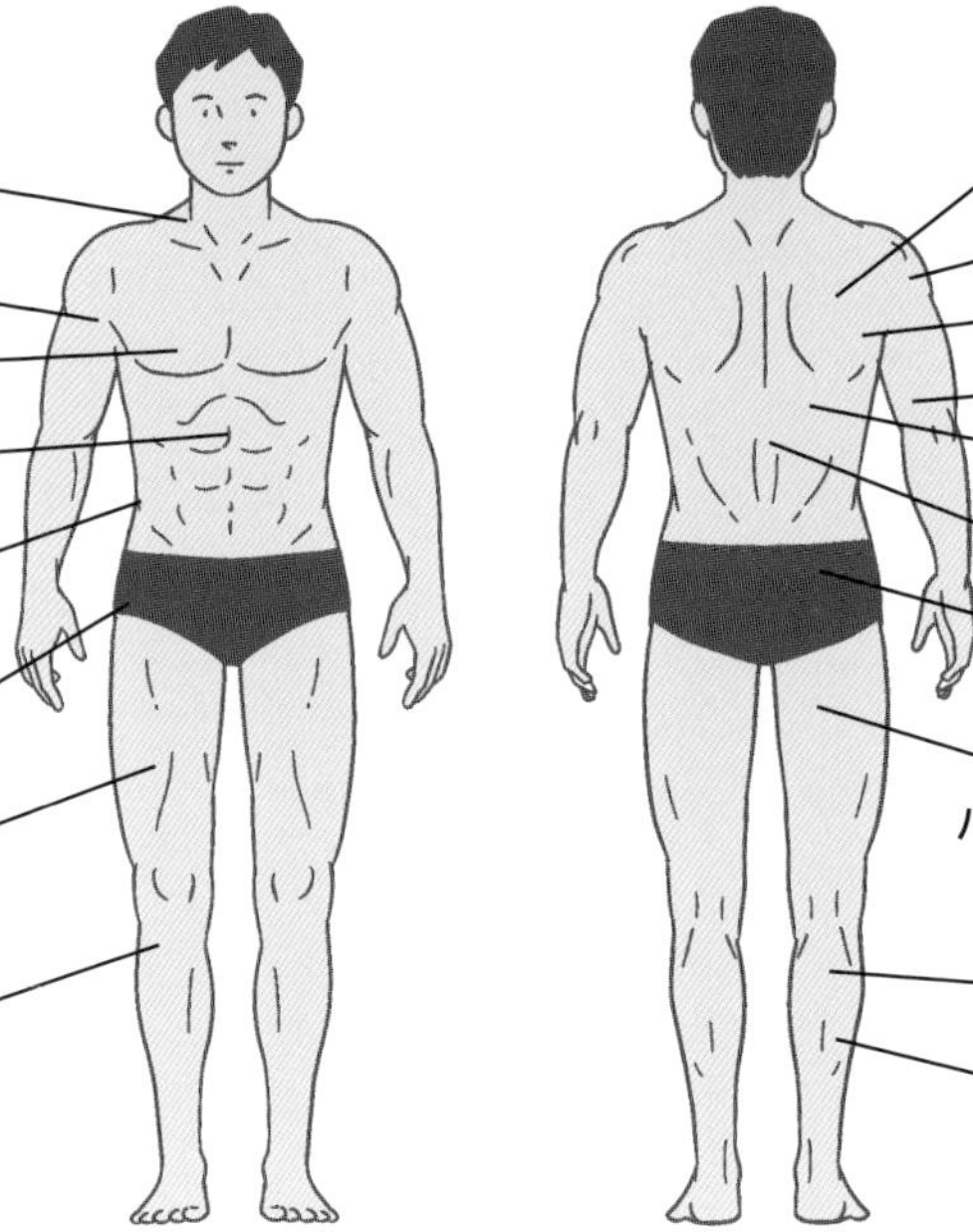
胸鎖乳突筋
上腕二頭筋
大胸筋
腹直筋
外腹斜筋
大腿筋膜張筋
大腿四頭筋
前脛骨筋
僧帽筋
三角筋
大円筋
上腕三頭筋
広背筋
脊柱起立筋
大殿筋
ハムストリングス
腓腹筋
ヒラメ筋

脚線美を手に入れたいのであれば、お尻《しり》から太もも、そしてふくらはぎの筋肉を鍛えるといいでしょう。

「筋トレをすると足が太くなる」と心配する女性もいますが、よほどハードな筋トレをしないかぎり、筋肉がゴツゴツと盛り上がった太い脚になることはありません。適度な筋トレは、引き締まった美しい脚線美を作り出してくれます。

第4章以降では、筋トレのしかたを紹介しています。参考にしてください。

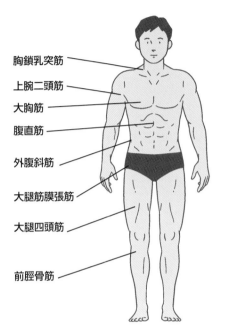

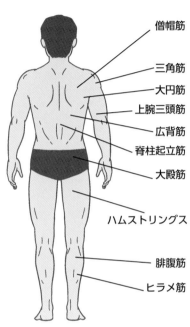

目次

目次

目次

第1章

体重の増減で一喜一憂はNG！「太る」「やせる」は意外とシンプル。自然とおなかからやせてくる新秘訣を発見

人間の体はまるでスポンジ。カロリーも脂肪も水分も栄養も足りなければ吸い込み余ればしたたる

■おなかの脂肪は皮下脂肪より断然減らしやすい

人間はなぜ太ってしまうのでしょうか。

運動不足のせいにする人が多いのですが、実は、「太る・やせる」には、運動よりも食事のほうがかかわりが大きいのです。

人間の体はまるで「スポンジ」のようなもの。スポンジは吸い込みすぎれば水がしたたり落ち、乾けば水を吸い込みますが、この原理は人間でも同じ。食べすぎてカロリーをとりすぎれば余った分は体脂肪として蓄えられ、栄養が不足すれば体脂肪だけでなく筋肉まで減少することになります。

●人間の体はスポンジのようなもの

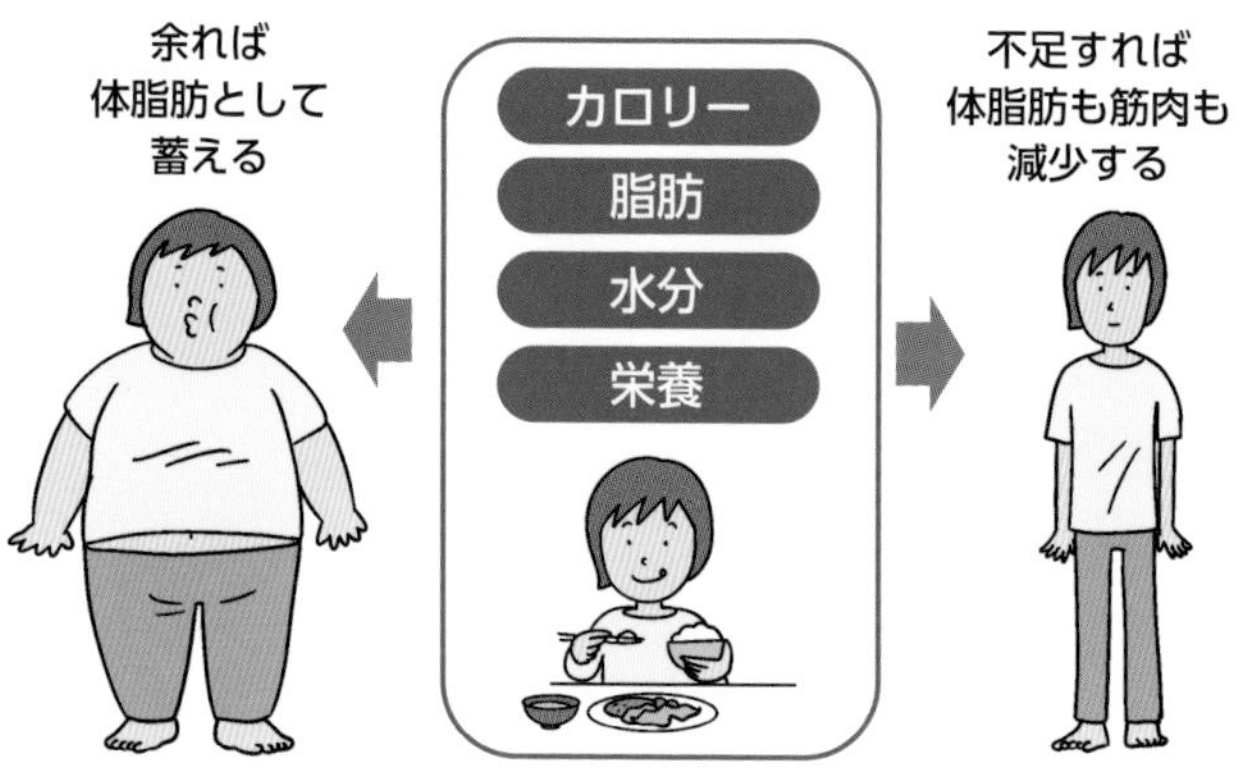
余れば
体脂肪として
蓄える
カロリー
脂肪
水分
栄養
不足すれば
体脂肪も筋肉も
減少する

内臓脂肪は皮下脂肪より減らしやすい

●減量初期における脂肪量の変化

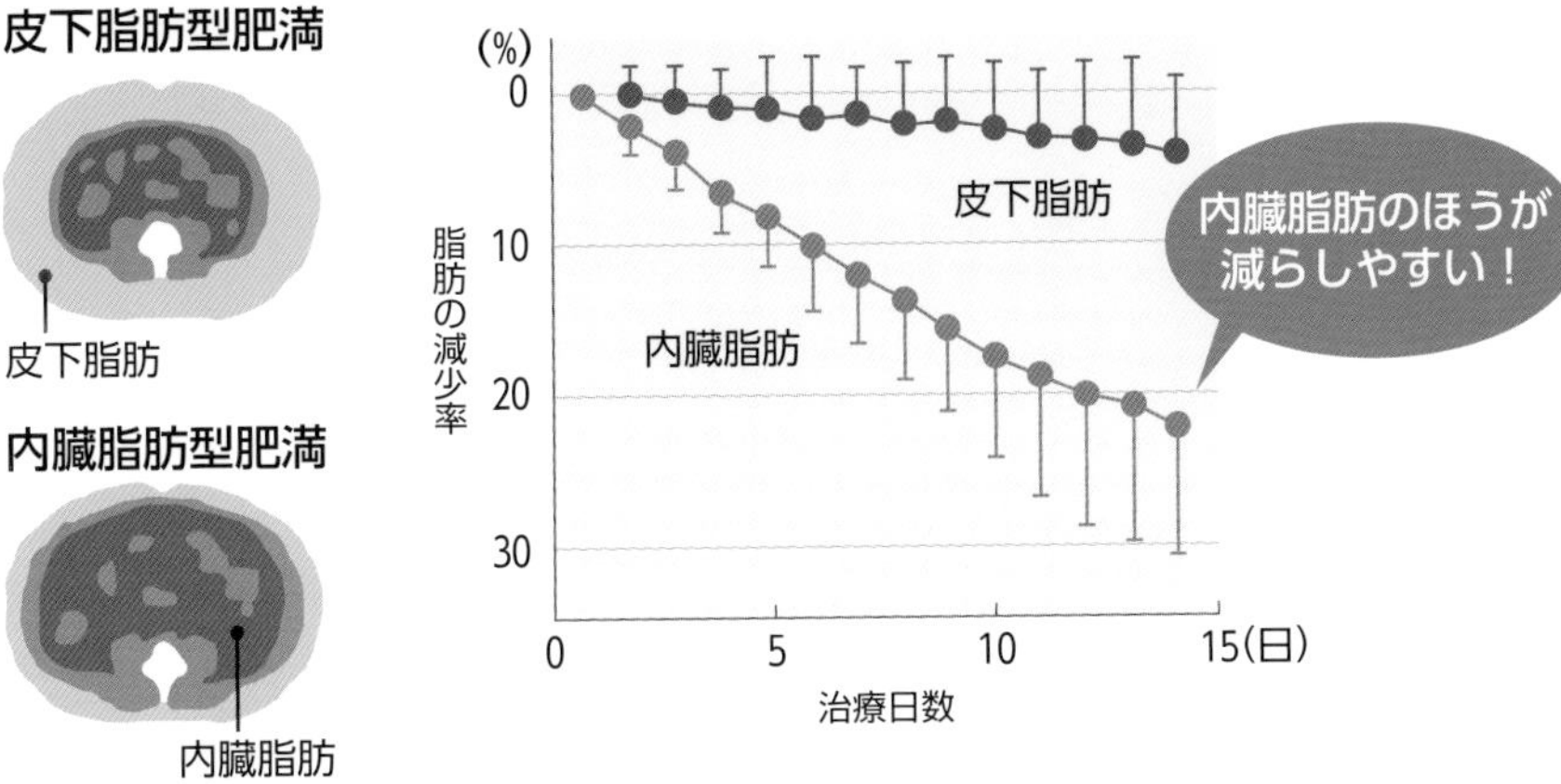

減量開始から15日で内臓脂肪が約20％減少したという報告もある。

Li Y, et al. Exp Biol Med. 228, 2003, 1118-23. より作成

つまり、ダイエットを成功させるには、必要な栄養は不足しないようにしっかりとりながら、摂取カロリーを減らしていくことが重要になります。ただやみくもに食事量を減らしてカロリー制限をすればいいというものではありません。そもそもこうしたやり方は、とても長続きしません。

そういうと、「カロリー制限なんてできそうにない」と思う人が多いかもしれませんが、ご安心ください。実は、後ほど紹介する簡単な工夫で、空腹感に苦しまずにカロリーを抑えることはできます。そして、カロリー制限をはじめとする適切なダイエットを行うと、**ダイエットを始めてすぐの段階から、おなかの脂肪（内臓脂肪）が優先的に減りはじめる**ことがわかっています。おなかやせは、決して難しいことではないのです。

体重はこまめに計測。ただし毎日の増減は水分量の変化にすぎず、減ってもやせたことにならない

■体重は水分量に左右されるため、体重より体脂肪に注目

毎日体重計に乗っていると、体重が1~2キロ減っていたり増えていたりすることがよくあります。この体重の毎日の増減が実は曲者《くせもの》。1~2キロの増減で一喜一憂する人が少なくありません。しかし、よく考えると、食べ放題のバイキングに行った翌日に体重が増えても、手術で1日中絶食して体重が減っても、2~3日のうちにはもとの体重に戻っています。

体重の日々の増減は、体内の水分量の変化と考えてまず間違いないでしょう。例えば、炭水化物をとると、筋肉内の水分量が増えることはあまり知られていません。お米を炊いたりそばをゆでたりすると、柔らかくなって体積が増えることからわかるように、炭水化物は水との親和性が非常に高いのです。

そのため、炭水化物をたくさんとった翌日に体組成計（30ページ参照）に乗ると、体重

炭水化物はグリコーゲンとして蓄えられる

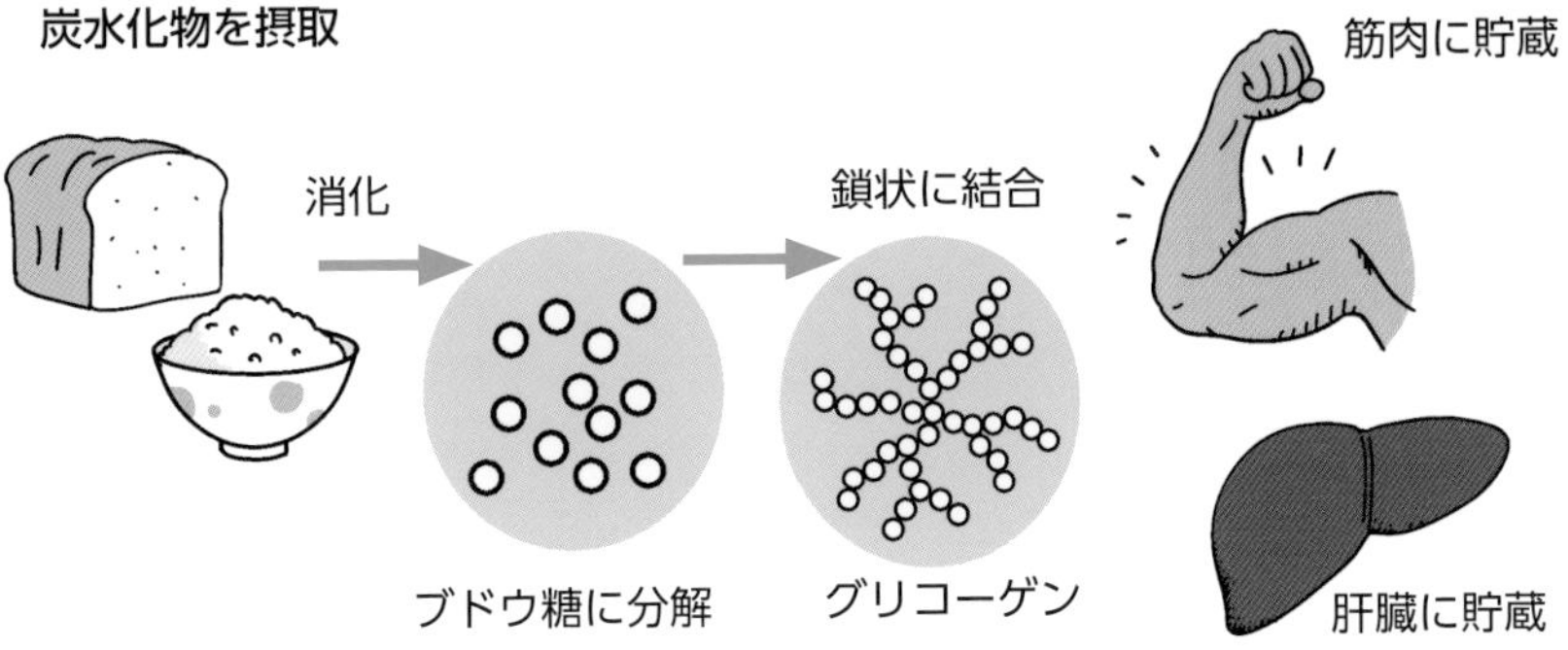
炭水化物を摂取
消化
鎖状に結合
筋肉に貯蔵
ブドウ糖に分解
グリコーゲン
肝臓に貯蔵

だけでなく「筋肉量」も増えていることがあります。しかし、これは、実際に筋肉が増えたわけではなく、ブドウ糖（グルコース）が長い鎖状に連なってできたグリコーゲンという物質が筋肉に増え、それによって筋肉内の水分量が増えたからにほかなりません。

一方で、糖質制限をすると体重が短期間で減るのは、グルコースの摂取が減ったために体内の水分が抜けただけであり、必ずしも体脂肪が減ったわけではないのです。

さらに、筋トレを頑張った翌日に体重を量ると、予想に反して体重が増えていて「昨日、あんなに頑張ったのに」とがっかりすることがあるかもしれませんが、これも水分のしわざ。筋トレをした後は、筋肉に水分が集まってむくむので、体重が一時的に増えるのは当然のことなのです。

以上のように、体重の日々の増減に一喜一憂する必要はありません。**大事なのは増減の変化を追っていく**ことです。

減らしたいのは体重ではなく体脂肪量、増やしたいのは筋肉量。「体組成計」で毎日朝晩に計測・記録！

■朝は朝食前、夜は食後2時間以上たった入浴前に計測

太る・やせるは、体脂肪と筋肉の相関関係で決まってきます。やせるために減らしたいのは体脂肪であり、見栄えのする体型やスタイルになるために増やしたいのは筋肉量です。そこで用意したいのが、体重だけでなく体脂肪率（体重に占める脂肪の割合。男性は20％以上、女性は30％以上で肥満）や、骨格筋率（体重に占める体を動かすための筋肉の割合）、基礎代謝量、内臓脂肪レベル、肥満の目安になるＢＭＩ値などが測定できる**「体組成計」**の機能がついた体重計で、数千円から購入できます。信頼性の高いメーカーのものを入手するといいでしょう。計測は1日2回、一定の時刻に計測してください。**朝は、起床後トイレをすませてから朝食前に、夜は、夕食から2時間以上たった入浴前に計測**します。できるだけ同じ条件で、薄着になって計測しましょう。

体組成計で計測できるもの

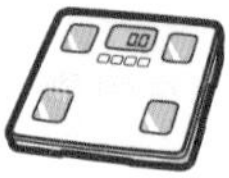

・体重
・体脂肪率
・骨格筋率
・基礎代謝量
・内臓脂肪レベル
・ＢＭＩ（肥満指数）など

おなかの脂肪は糖尿病・高血圧・動脈硬化・がん・認知症を引き起こし健康長寿を妨げる最大の敵

■内臓脂肪の多い人は認知症のリスクが3～5倍

体脂肪には、内臓脂肪と皮下脂肪がありますが、内臓脂肪が増えてくると、高血圧や**高血糖**、**脂質異常**（**高脂血**）・**動脈硬化**などの危険が増します。これらの危険因子が組み合わさると、**狭心症**や**心筋梗塞**《こうそく》などの**虚血性心疾患**《しっかん》の発症リスクが最大で35・8倍に高まることが報告されています（※1）。そればかりでなく、内臓脂肪はさまざまな炎症物質を出して体に慢性炎症を引き起こすことがわかっており、これが、**乳がん**・**大腸がん**・**肝臓がん**・**子宮がん**などの発症や進行のリスクとかかわっていることが指摘されています（※2）。

米国の研究では、中年期に内臓脂肪型肥満だった人は、高齢期になって**アルツハイマー型認知症**を発症するリスクが3・1倍、**脳血管性認知症**の発症リスクが5・1倍高くなるとの報告もあり、内臓脂肪が多い人は、早急に減らす必要があります（※3）。

出典：※1　永田正男「メタボリックシンドロームと高齢者生活習慣病」
※2　国立がんセンターによる発表
※3　Whitmer RA.Curr Alzheimer Res.2007

同じ食事をしていてもやせる人と太る人がいる違いの決め手は、「基礎代謝量」と「腸内細菌」

■基礎代謝量の約22%は筋肉で消費される

同じような食事をしても、太る人と太らない人がいます。その理由の一つに、「基礎代謝量」の違いが考えられます。

基礎代謝量とは、内臓や脳を働かせたり、体温を作り出したりするために使われる、生きていくために最低限必要なエネルギー消費量のこと。基礎代謝量は、10代をピークに年齢とともに減少していきます。これが、加齢とともに太りやすくなる理由です。これに加えて、太りやすい人は、基礎代謝量が同年代の人よりも少ない傾向にあります。そのため、余ったエネルギーが体脂肪として蓄積されやすいのです。

もう一つ、基礎代謝量が少なくなる原因に、筋肉量の減少があります。基礎代謝量の約22%は筋肉（骨格筋）で消費されますが、筋肉量も20代をピークに年齢とともに減少していきます。**食事だけを減らし、運動をしないダイエットでは、体脂肪とともも**

年代による基礎代謝量の変化

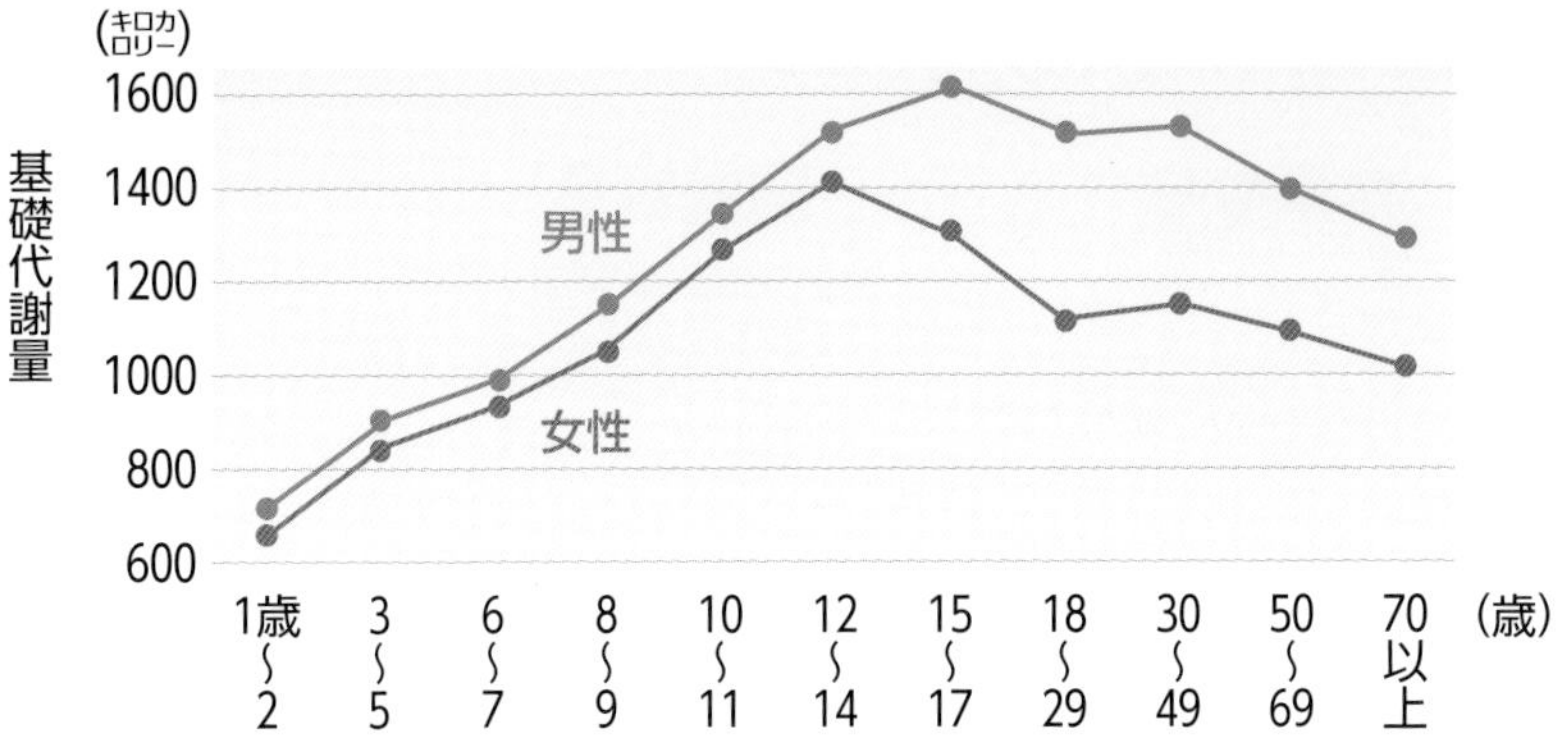
（キロカロリー）
1600
1400
1200
1000
800
600
基礎代謝量
男性
女性
1歳～2
3～5
6～7
8～9
10～11
12～14
15～17
18～29
30～49
50～69
70以上
（歳）

※厚生労働省「日本人の食事摂取基準（2015年版）策定検討会」報告書の参照体重における基礎代謝量表よりグラフ作成

に筋肉量まで減少してしまうので、要注意です（基礎代謝量については88ページ参照）。

■腸内細菌の状態によって、やせにくい体質になれる

そのほか、「腸内細菌」が太りにくさに影響するという説もあります。ビフィズス菌や酪酸《らくさん》菌、バクテロイデス菌といった腸内細菌は、食物繊維やオリゴ糖を分解して短鎖脂肪酸を作り出します。その短鎖脂肪酸の働きで脳が活性化されるとエネルギー消費が高まり、体脂肪がつきにくい体になるというのです。これらの腸内細菌が多いかどうかによって、太りやすい・太りにくいという体質の差が生じます。

ただし、腸内細菌の状態は人それぞれ。ヨーグルトを食べても必ず「やせる腸内細菌」が定着するとは限りません。不確実なことをするよりも、**運動で筋肉量を増やしながら代謝量を高めるほうが確実**と考えます。

エネルギーの摂取と消費（代謝）。素早くやせたいなら「摂取」をコントロールするのが先決

■1時間ジョギングしても、消費されるのはおにぎり1個分

ダイエットを決意すると、多くの人が一生懸命に運動をして、消費エネルギーを増やそうとします。ところが、ジョギングをしても、消費されるのは約210キロカロリーで、おにぎり1個分程度です。**ダイエットのためにジョギングを1時間するより、おにぎり1個分だけ食べる量を減らすほうが、ずっとらく**ではないでしょうか。

素早くやせたいのであれば、運動だけをするよりも、栄養バランスも考えながら、食事の摂取をコントロールする「運動と食事」でやせるのがおすすめです。私の実感値では、**「太る・やせる」を決めるのは、食事8割、運動2割。**次の章では、無理なくやせる食事のしかたについて考えていきましょう。

摂取を控えるほうが簡単！

例えば210キロカロリー減らすには

食事なら
おにぎり1個分
食べる量を
減らすだけ

運動なら
ジョギングを
1時間
※体重60キロの場合

第2章

「太る」「やせる」を決めるのは「食事8割、運動2割」。まずは「食事」を制するのが最高効率です

めんどうな「カロリー計算」や「無理な減食」をしなくても「らくらくやせる食べ方」新発見

■食べ方で「太りにくい体質」を手に入れる

やせたいと思ったとき、多くの人が、「食事を減らそう」と考えます。そして、食事の量や回数を頑張って減らす人が少なくありません。

前に述べたように、「太る・やせる」を決めるのは、私の実感からいうと、**食事8割、運動2割。運動でやせるよりも、食事を控えるほうが簡単です。**食事量や摂取カロリーの制限は必須《ひっす》ですが、それらを無理に減らすダイエットは、長続きしません。

食のダイエットの基本原則は、**脂質と炭水化物を少しだけ減らし、たんぱく質を意識してとる**ことです。

炭水化物とたんぱく質は1グラム当たり4キロカロリー、脂質は9キロカロリー。

●3大栄養素の1グラム当たりのカロリー

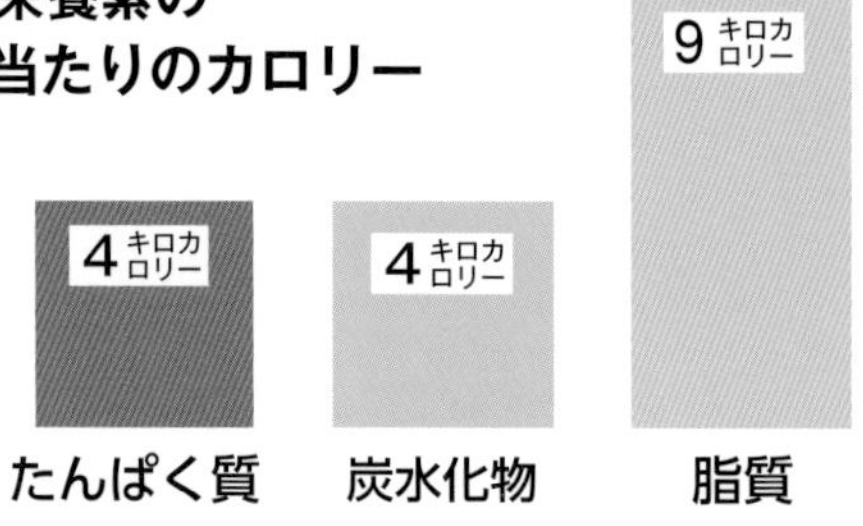

食のダイエットの基本原則

1 無理・我慢・頑張りは排除。ストレスフリーで「長続き」させることを最優先。

2 今の食事をベースラインに1日3食とり、「脂質」「炭水化物」を少し減らす。

3 筋肉を作り代謝を上げる、不足しがちな「たんぱく質」は、意識してとる。

- 無理＝過度の減食、カロリー制限、糖質制限、断食、朝食抜きなど
- 我慢＝食欲を我慢、食べたいのに我慢、食べたくないのに我慢して食べるなど
- 頑張り＝カロリー計算、糖質量計算、手間のかかる調理、お金がかかることなど

まずは、カロリーが最も多い脂質を控えるだけでも、摂取カロリーを抑えることができます。

また、日本人の平均的な食事では、炭水化物が60％、脂質が25％、たんぱく質が15％くらいを占めています。最も量の多い炭水化物を減らすことでも摂取カロリーを抑えることができます。その代わりに、たんぱく質を意識してとるようにしてください。たんぱく質は、筋肉のもととなる栄養素ですが、消化吸収されるときに、炭水化物や脂質よりもたくさんのエネルギーを消費します。

せっかくダイエットに挑戦するなら、長続きする方法で、リバウンドしない「太りにくい体質」を手に入れたいと思いませんか。この章では、**無理・我慢・頑張りをせずに長続きさせやすい「やせる食べ方」**を紹介しましょう。

あなたは大丈夫？ こんな食べ方は間違いなく太る！
絶対やせない！「食べ方の盲点チェック」

■ダイエットとは「ライフスタイルを変える」ということ

「やせるために」と、食事の摂取カロリーを気にする人はたくさんいます。確かに食べすぎは肥満につながるので、カロリーを意識しながら食事をするのはいいことです。ただし、**食事のしかた**に問題があれば、なかなかやせることはできません。

左ページのチェックリストを見てください。朝食を食べなかったり、早食いだったり、夜遅くに食事をすることが多かったり……。いずれも、太りやすい食習慣として、よくいわれていることです。当てはまる項目が多いほど、摂取カロリーをいくら減らしてもやせにくく、もとのカロリーに戻すと逆に太りやすくなってしまいます。

ダイエットをするということは、いうなれば「ライフスタイルを変える」ということです。この機会にライフスタイルを改めて、太らない食習慣をぜひとも身につけましょう。

やせない食べ方チェックリスト

以下の項目のうち、当てはまるものをチェック☑してください。

- □ 1回の食事量が人より多い
- □ 朝食を食べない
- □ 早食いである
- □ 夜遅くに食事をすることが多い
- □ 寝る前におなかがすいて夜食をとることがある
- □ お酒を毎日のように飲む
- □ お酒を飲むときおつまみをよく食べる
- □ 食後にデザートやお菓子がほしくなる
- □ 清涼飲料水、スポーツドリンクをよく飲む
- □ ダイエットでは食事の量を一気に減らすことが多い
- □ 米よりもパンや麺類を好んで食べる
- □ 満腹になるまで食べる
- □ 食事会や飲み会が多い
- □ 外食が多い
- □ ごほうびと称してケーキやお菓子をよく食べる
- □ 揚げ物をよく食べる
- □ 空腹でないのに食べてしまうことが多い
- □ 食品を買うとき、カロリーなどの栄養成分表示はあまり見ない

チェック☑が2つ以上あった場合は、太る食べ方をしている可能性大！チェックした内容こそ、あなたがやせられない大きな原因。これらの食べ方を改めることを心がけるだけで、やせる食習慣が自然と身につく。

ダイエットしてもやせられない人は「ほんの少しの食べすぎ」と「その蓄積」が太る最大原因

■少しだけ余分にとったカロリーが、毎日積み重なって体脂肪となる

左ページの表は、成人の1日の推定エネルギー必要量です。デスクワークなどで座っていることが多い生活の場合、30～49歳の男性は約２７００キロカロリー、女性は２０５０キロカロリーです。エネルギー必要量より摂取カロリーが多ければ、当然ですが太ります。

デスクワーク中心の40代会社員の1日を例にあげましょう。パンとハムエッグ、牛乳などの朝食（約５００キロカロリー）をとり、昼食に唐揚げ定食（約１０００キロカロリー）を食べたとします。午後3時ごろに小腹がすいたからと、あんぱん（約２７０キロカロリー）を1個食べ、夕食でショウガ焼きと大盛りご飯（約１２００キロカロリー）を食べたとします。カロリーはあくまで推定値ですが、合計で約２９７０キロカロリー。この例では、1日のエネルギー必要量２７００キロカロリーに対して、約２７０キロカロリー（約10％）余分に食べすぎていることになります。

こうして、余分にとったカロリーが、毎日積み重なることで、おなかに体脂肪として

とりすぎたカロリーは体脂肪として蓄積される

摂取カロリー＞消費エネルギー＝太る
摂取カロリー＜消費エネルギー＝やせる

成人の推定エネルギー必要量（キロカロリー／日）

性別	男性			女性		
身体活動レベル	低い	普通	高い	低い	普通	高い
18〜29歳	2,300	2,650	3,050	1,700	2,000	2,300
30〜49歳	2,300	2,700	3,050	1,750	2,050	2,350
50〜64歳	2,200	2,600	2,950	1,650	1,950	2,250
65〜74歳	2,050	2,400	2,750	1,550	1,850	2,100
75歳以上	1,800	2,100	−	1,400	1,650	−

『日本人の食事摂取基準 2020 年版』より

※身体活動レベル別に見た日常生活の内容
低い：生活の大部分が座位で、静的な活動が中心の場合
普通：座位中心の仕事だが、職場内での移動や立位での作業・接客等、あるいは通勤・買物・家事、軽いスポーツ等のいずれかを含む場合
高い：移動や立位の多い仕事への従事者。あるいは、スポーツなど余暇における活発な運動習慣を持っている場合

蓄積されていくのです。

「なかなかやせられない」「知らず知らずのうちに太ってしまう」という人の多くは、**この毎日の「ほんの少しの食べすぎ」の蓄積がやせられない最大の原因で**す。

やせたいと思うなら、自分が食べすぎていないかをチェックしてみてください。**ご飯の大盛りやおかわりをやめる、カロリーの高いおやつは選ばない、高カロリーの脂っこい料理はさけるなど**、よく考えて食事を選ぶようにしてください。太るのは毎日の食べすぎの蓄積ですが、やせることもまた、毎日のいい習慣の積み重ねなのです。

ダイエット中は「もったいない」という意識を捨て、食べすぎずに残す勇気が必要

■残した夕食は、翌日の朝食やお弁当にするといい

日本人は食事を残すことに対して「もったいない」という感覚を持っています。とてもいいことですが、ダイエット中に限っては「すべてを残さず食べなくては」という意識は捨てるべきでしょう。

例えば、仕事で夜遅く帰ったら、家族が夕食としてオムライスを用意してくれていたとします。しかし、就寝前の高カロリーの食事はダイエットの大敵。食事を用意してくれたことに感謝をしながら、オムライスはほんの少量だけ食べて、残りは翌朝の朝食にするか、お弁当として会社に持っていくなどしてください。

外食が多いという人は、店員さんに「ご飯を少なめに」などとお願いすると、食べ残す後ろめたさを感じずに、摂取カロリーを抑えることができます。外食でも、高カロリーの脂っこい料理や糖質の多い食品のとりすぎに注意しましょう。

食事量を一気に減らすダイエットは長続きせず、体脂肪を燃やす筋肉も減って、逆に太りやすくなるだけ

■1カ月に体重2キロ減を目安にダイエットを行う

ダイエットに挑戦する多くの人が、短期間で結果を求めようとします。そのため、食事量を一気に減らしたり、炭水化物を極端に抜いたりといった無理なダイエット法でやせようとします。確かにこれらの方法は、短期的には体重が減りますが、長続きはしません。ダイエットのストレスでドカ食いをしてしまい、以前よりも太ってしまったというのはよく聞く話です。

太りやすい体質から脱却したいのであれば、無理なく長期間続けられて、太らない食習慣を身につけることが重要でしょう。

ダイエットでは**1カ月に5％以内の体重減少**にとどめるのが理想的です。私は、無理や我慢をせず、長続きするダイエットの目標としては、**1カ月におよそ2キロ減**を目安にするのがいいと考えています。それ以上に体重を減らすと、体脂肪だけでなく、

80キロの人と100キロの人のダイエットは異なる

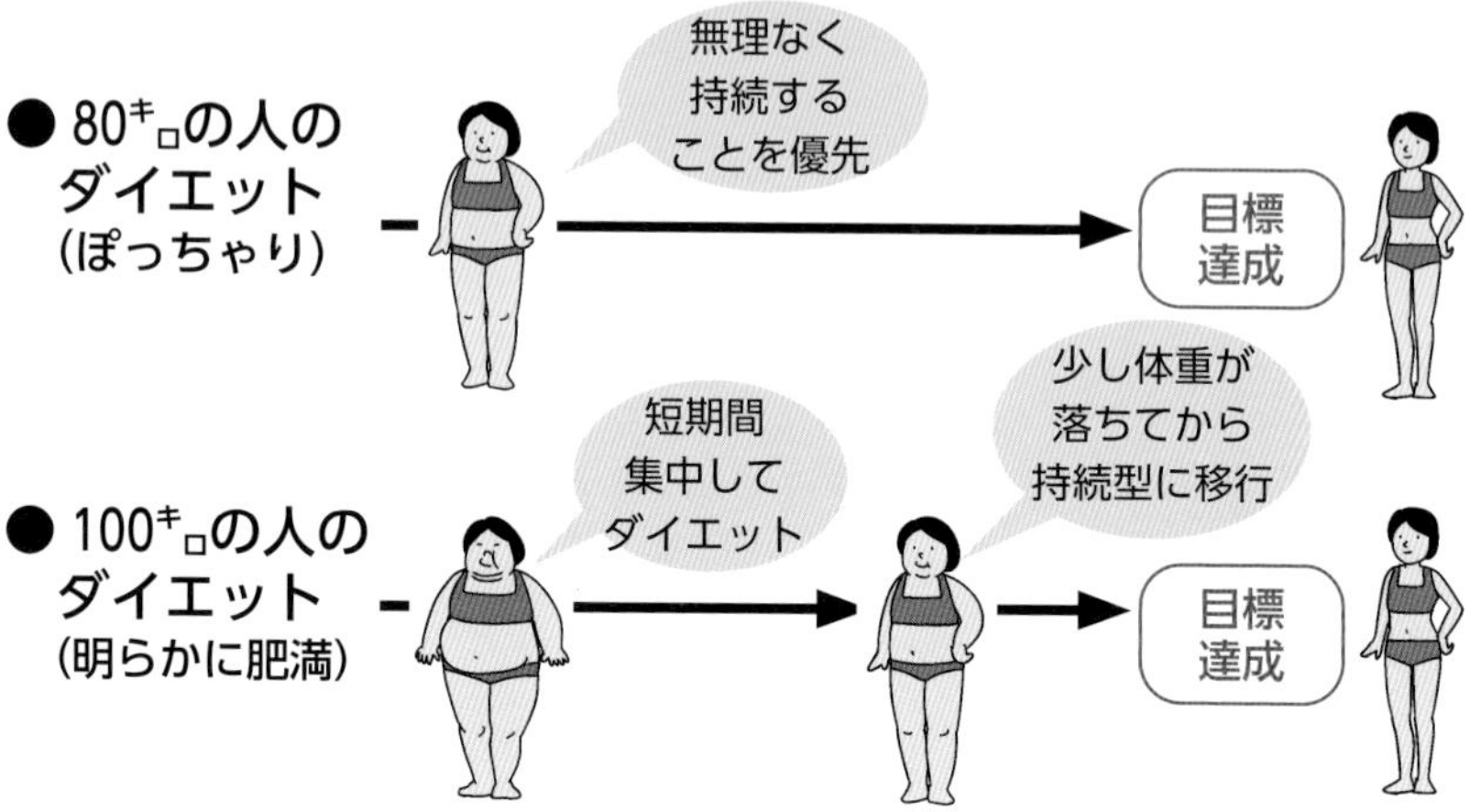
● 80キロの人のダイエット（ぽっちゃり）
無理なく持続することを優先
目標達成
● 100キロの人のダイエット（明らかに肥満）
短期間集中してダイエット
少し体重が落ちてから持続型に移行
目標達成

筋肉まで減ってしまう心配があるからです。筋肉には体脂肪を燃やす働きがあるので、筋肉量が減ってしまうと、かえって太りやすくなってしまうのです。

ただでさえ、筋肉量は、20代をピークに徐々に減少し、特に運動をしない生活を続けていると、60歳になるころには筋肉量が約40％も減少するとされています。これが、同じ食生活を続けていても、中高年になると太りやすく、やせにくくなる理由です。極端な食事制限をすれば、筋肉量の減少をさらに速めてしまうのです。

例外としては、体脂肪率がとても高い体重100キロ超の人が、短期的に集中して4～5キロ落とすのは、100キロの5％は5キロなので許容範囲です。

ただし、80キロ程度まで体重が落ちてきたら、そこからは、1カ月に2キロくらいの体重減を目標としてダイエットを続けるようにしてください。

「朝食抜き」「断食」も、体脂肪が燃える機会を逸し体がやせにくい省エネモードに陥る恐れ大

■「食べないダイエット法」は、かえって太りやすい体質になる

「いっそ、食事を抜いたほうが効果的なのでは」と考えて、朝食を抜いたり、丸1日何も食べなかったりする人がいます。「断食《だんじき》」が長続きしないことはいうまでもありませんが、「朝食抜き」もおすすめできません。

朝食をとると、食事を消化するための代謝（食事誘発性熱産生）が始まり、その刺激で基礎代謝量も上がります。ところが、朝食を抜くと代謝量も増えないため、体脂肪が燃えるせっかくのチャンスを逃すことになります。また、日中に活動するための栄養が不足し、筋肉まで分解されて、エネルギーとして利用されてしまうのです。

さらに、朝食を抜くと、夕食から翌日の昼食まで、半日以上何も食べない状態になります。絶食も同様ですが、栄養が不足して飢餓《きが》状態が続くと、体が生命の危機を感じて栄養をため込もうとして、やせにくい省エネモードになる恐れが大きいのです。

糖質をとりすぎて食後血糖値の急上昇を招き体脂肪の蓄積を許す人が多く、必要以上にとりすぎないのが肝心

■消費しきれない糖質は体脂肪として蓄積される

炭水化物とは、糖質と食物繊維を合わせたもので、主な食材には、ご飯やパン、麺《めん》類などがあります。食物繊維の率はわずかなので、糖質とほぼ同義語ととらえていいでしょう。糖質は、消化液によってブドウ糖に分解されて血液中に入り、血糖値（血液中のブドウ糖の量）を上昇させます。すると、すい臓から分泌《ぶんぴつ》されたインスリンというホルモンの働きで筋肉や肝臓に取り込まれ、エネルギーとして消費されたり、グリコーゲンとして貯蔵されたりします（左ジペー上の図参照）。血糖値は食後1～2時間でピークに達しますが、血液中のブドウ糖の量が多すぎると、血糖値が急上昇し、余ったブドウ糖が中性脂肪になっておなかなどの脂肪組織に蓄積されます（左ジペー下の図）。こうして体脂肪が増えてしまうのです。おなかの脂肪を減らすには、まずは毎日の食事で必要以上に糖質をとりすぎないことが重要です。

だぶついたブドウ糖は体脂肪として蓄積される

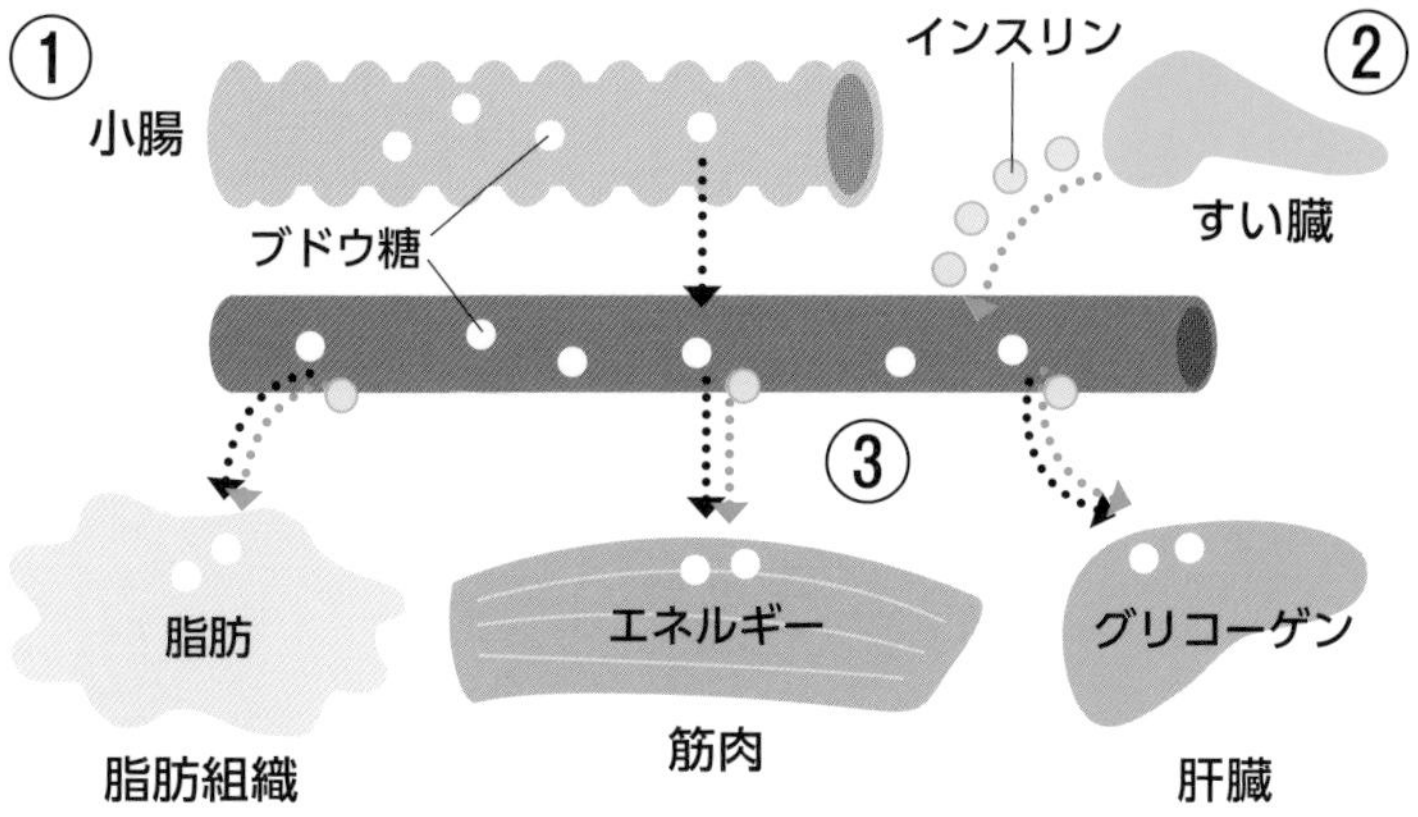

①食事をすると、糖質が小腸でブドウ糖に分解されて血液中に入る。
②血糖値を下げようとして、すい臓からインスリンが分泌される。
③血液中のブドウ糖は、インスリンの働きで筋肉や肝臓に取り込まれ、エネルギー源となって消費されたり、グリコーゲンとして蓄えられたりする。だぶついた分は脂肪組織に体脂肪として蓄積される。

食後高血糖は肥満を招く

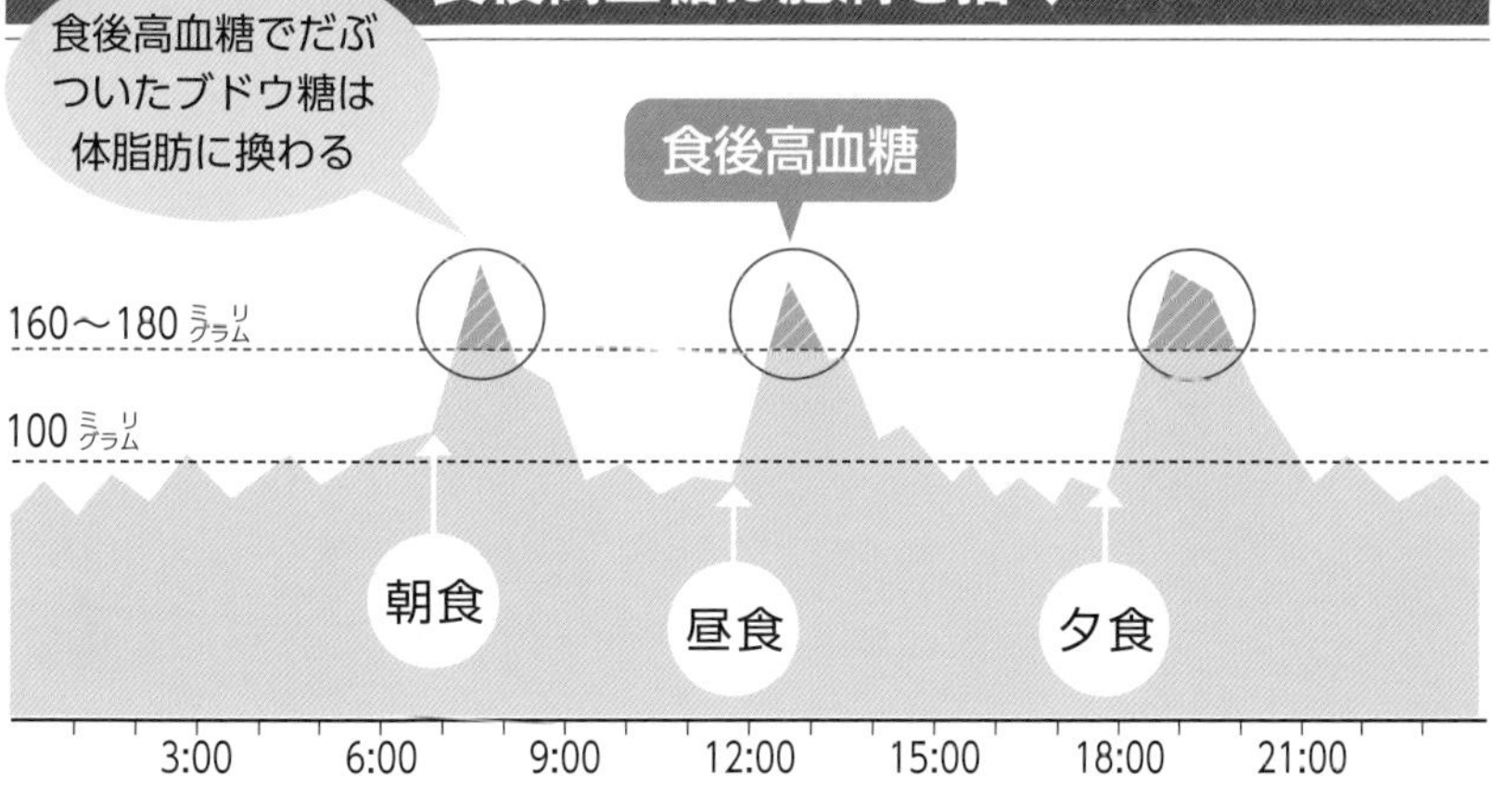

糖質のとりすぎは高血糖を招く。ブドウ糖が過剰に増えると、取り込みきれなかった分が中性脂肪に変化し、体脂肪として蓄積される。

「糖質制限」は1〜2カ月の短期ダイエット向け。長く続けると効果が落ち、心血管病のリスクが増す

■夕食だけ主食を抜いて糖質を減らす「ゆる糖質制限」がおすすめ

糖質制限を行うと、確かに短期間のうちに体重が大きく減少します。しかし、半年〜2年という中・長期で見ると、少ないカロリーで動ける体になり、体重が減らなくなるという報告もあります（左ページ上のグラフ参照）。

糖質制限については現在、賛否両論があります。糖質を制限すれば高血糖は改善されますが、脂質とたんぱく質でカロリーを補うことになり、脂質のとりすぎは動脈硬化につながるからです。長期にわたって糖質制限を続けると、心筋梗塞《こうそく》や脳卒中などの心血管系の病気になりやすくなり、死亡リスクが高まるという*報告もあります。

そこで、糖質制限を行うなら、1日3食のうちの1食だけ、夕食にかぎって主食を抜く「ゆる糖質制限」がおすすめ。1〜2ヵ月行って体重や体脂肪がある程度減少したら、ＰＦＣバランス（61ページ参照）を重視した食生活に戻すのがいいと考えられます。

＊ Mazidi M et al. “Lower carbohydrate diets and all-cause and cause-specific mortality: a population-based cohort study and pooling of prospective studies” European Heart Journal 40,2870–2879, 2019

糖質制限などの食事法による体重変動の推移

DIRECT試験での減量効果

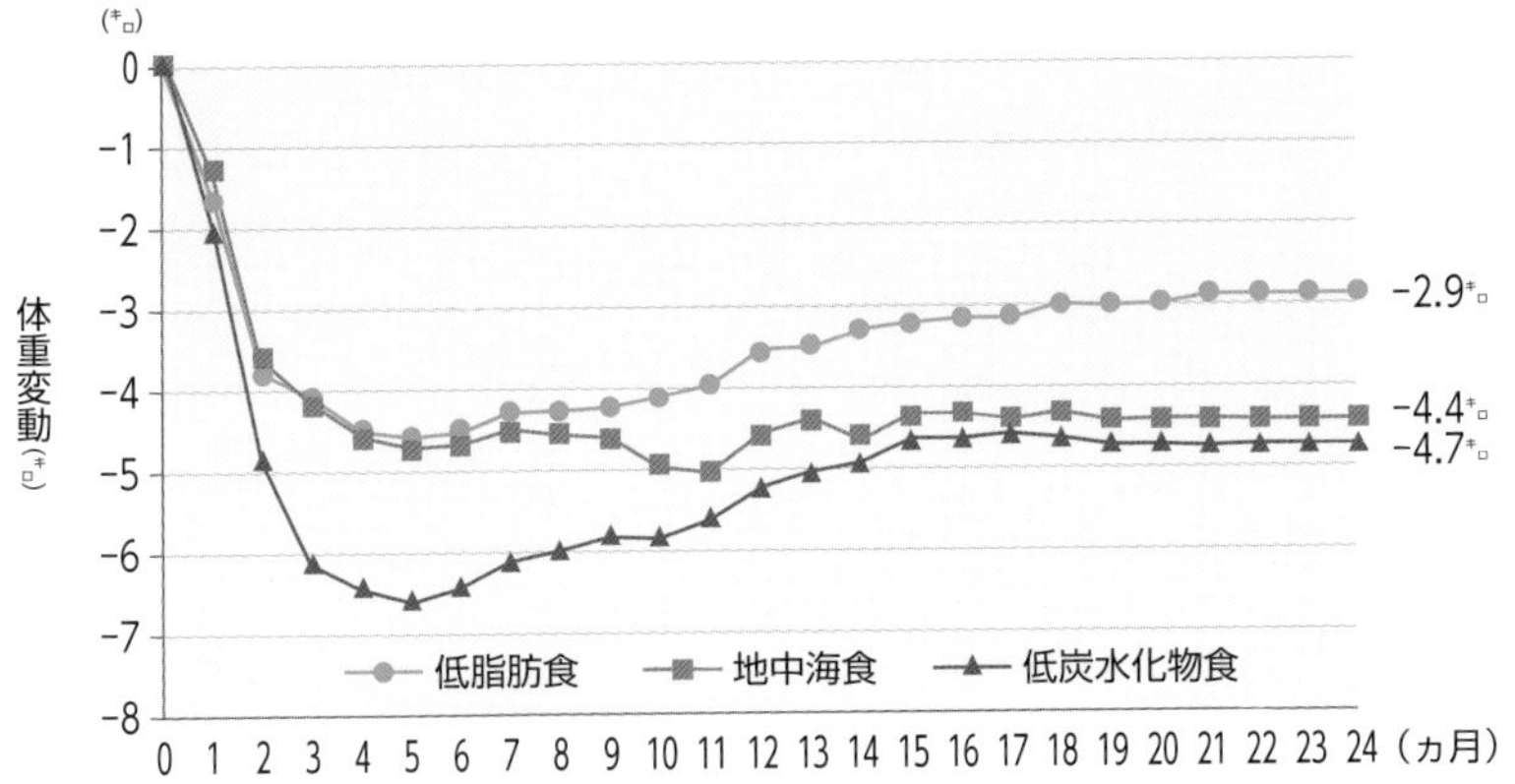

2005年7月～2007年6月の2年間、イスラエル・ディモナの研究所に勤務する322人を対象に、「低炭水化物食（糖質制限）」「低脂肪食」「地中海食」のいずれかを行ったところ、いずれの群においても1～6ヵ月後に体重が大きく減少した。その後、部分的な増加の後に一定の値に落ち着く傾向を示した。

出典：DIRECT 試験（Dietary Intervention Randomized Controlled Trial）より

おすすめは夕食だけ主食を抜く「ゆる糖質制限」

糖質制限のレベル別３パターン

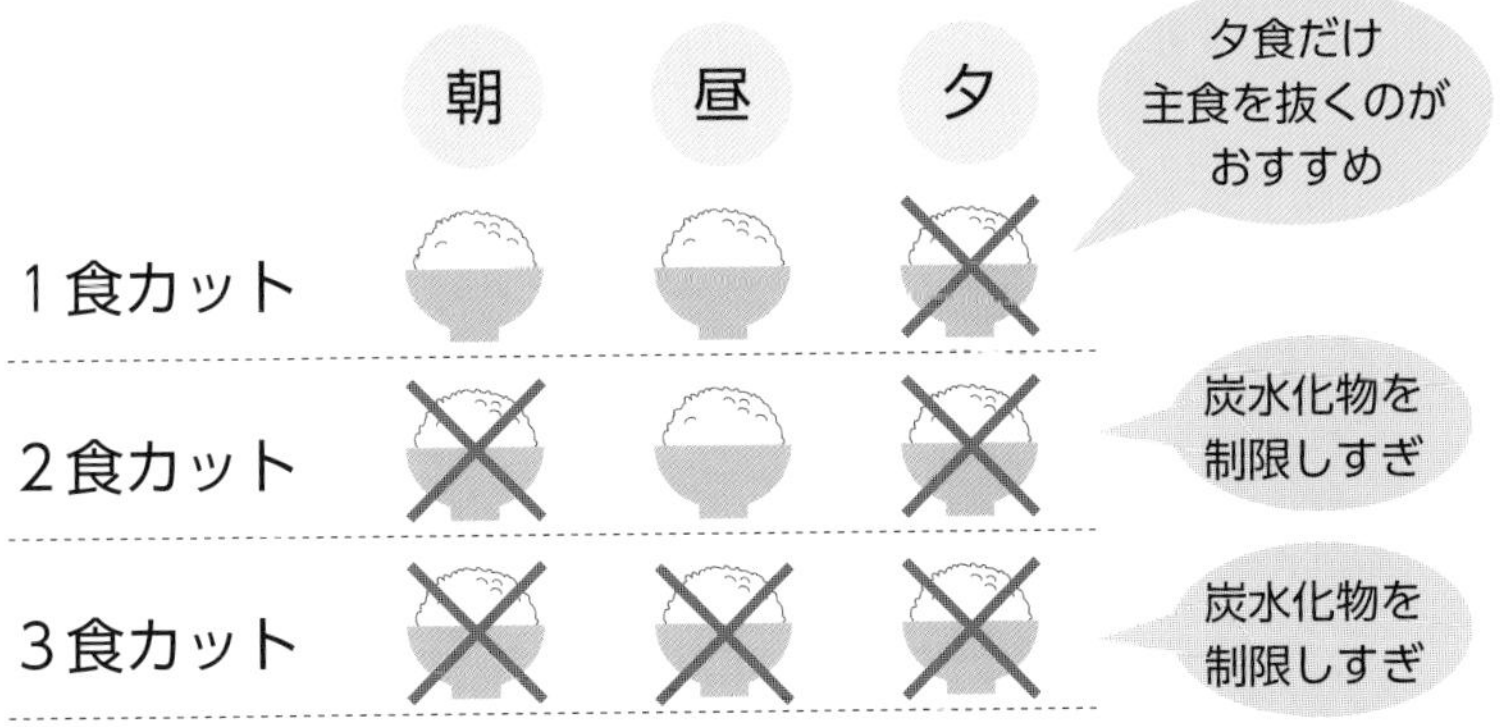

糖質制限を行うなら、朝昼夕の３食のうち、夕食だけ主食を抜いて炭水化物の摂取量を減らす方法がおすすめ。無理なく継続できる。

消化・代謝にエネルギーを使うたんぱく質の摂取不足でやせられない人が多く、貯蔵できないため補給が重要

■たんぱく質を多くとれば、食事によるエネルギー消費量が格段に多くなる

体のエネルギー消費（代謝）は、安静にしていても消費される**「基礎代謝」**が全体の約60％を占めており、このうち約40％が筋肉で消費されます。代謝にはこのほか、運動や家事などで消費される**「身体活動代謝」**や、**「食事誘発性熱産生」**があります。

食事誘発性熱産生とは、食べ物が消化されて体内に吸収された栄養の一部が体熱となって消費されることをいいます。つまり、食後は、安静にしていても消費エネルギーが増えるのです。にもかかわらず、朝食抜きや断食《だんじき》などで食事回数を減らしてしまうと、このエネルギー消費の絶好のチャンスをみずから逃すことになります。

食事誘発性熱産生は、一般に、エネルギー消費全体の10％程度（左ジペーのグラフ参照）とされていますが、栄養素の種類によって変わってきます。糖質のみを食べた場合、食事誘発性熱産生は全体の約６％、脂質のみだと約４％ですが、たんぱく質だけをと

消化吸収にもエネルギーは消費される

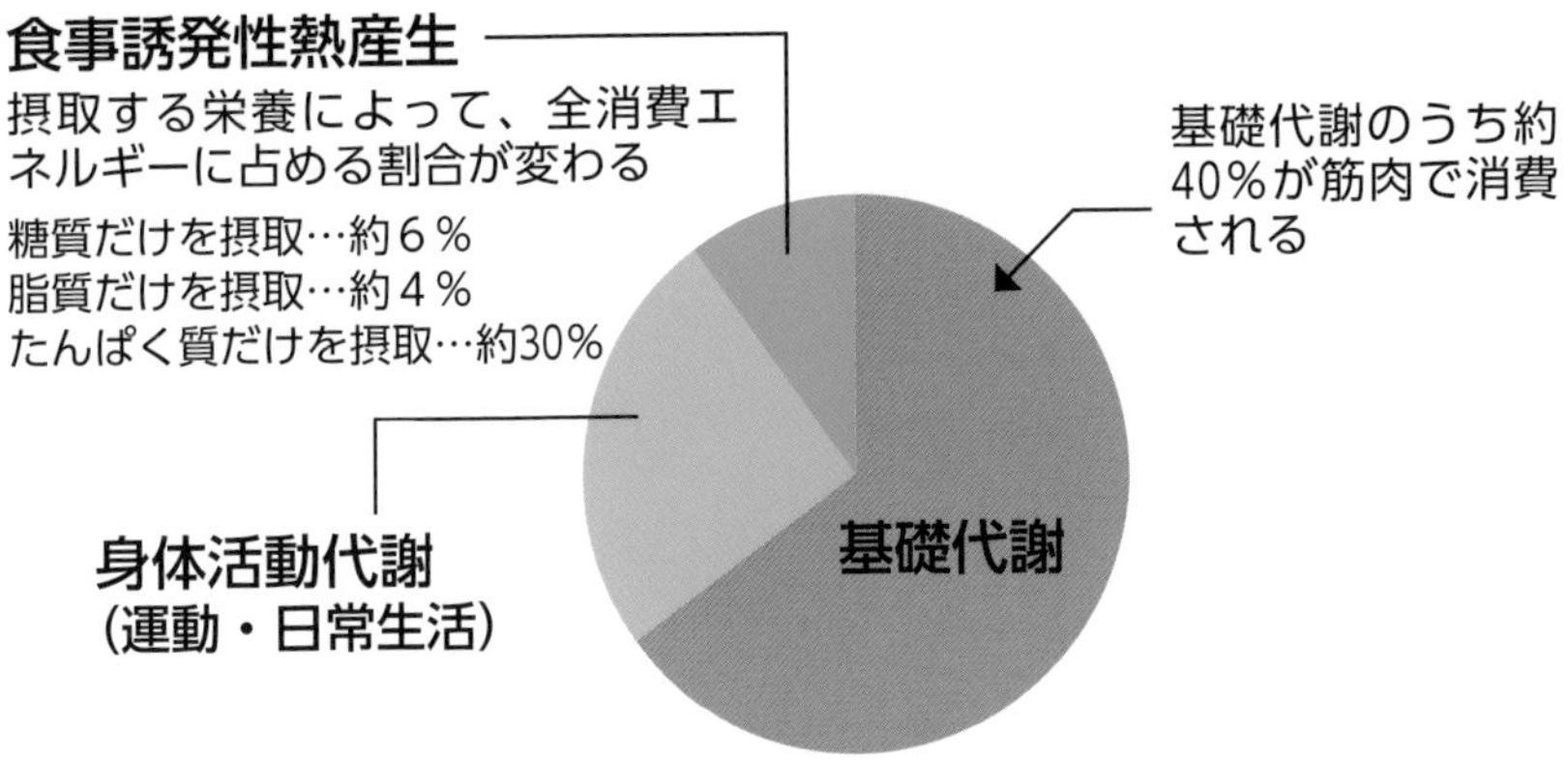
食事誘発性熱産生
摂取する栄養によって、全消費エネルギーに占める割合が変わる
糖質だけを摂取…約６％
脂質だけを摂取…約４％
たんぱく質だけを摂取…約30％
基礎代謝のうち約40％が筋肉で消費される
基礎代謝
身体活動代謝
（運動・日常生活）

った場合には約30％にもなり、ほかの栄養素に比べて格段に高くなります。つまり、食事でたんぱく質が不足すると、食後のエネルギー消費の効率が悪くなり、やせにくくなってしまうのです。

たんぱく質は、体に貯蔵しておくことができないという性質があります。毎回の食事で、意識してたんぱく質をとるようにしてください。一般に、普通の運動量の人であれば、**1日に必要なたんぱく質の量は体重1キロに対して1〜1・5グラム**です（くわしくは57ページ参照）。

ちなみに、**食べ物をよく噛《か》んで食べる**ほうが、食事誘発性熱産生が高くなります。さらに、加齢や運動不足で筋肉量が減ると、基礎代謝だけでなく、食事誘発性熱産生も低下してしまうことがわかっています。運動で筋肉量をキープしながら、たんぱく質をしっかりととり、よく噛んで食べることがダイエットの近道となるのです。

今現在の食事を基準ラインにして脂質か糖質を少し減らすだけでカロリーオーバーは即解消

■今の食生活を大きく変えず、食材選びに注意してカロリーを減らす

これまで、太る原因は、ほんの少しの食べすぎと、そのカロリーオーバーの積み重ねが大きいことを説明してきました。とはいえ、朝食がパンと目玉焼きだった人に納豆とみそ汁の和食をすすめても、我慢を強いることになり、長続きしないでしょう。

カロリー計算によるダイエットも現実的ではありません。そもそもハンバーガーとポテトのセットを食べて、それが何《キロカロリー》なのかすぐに答えられる人は多くないでしょう。ダイエットは、無理なく続けられて、それが普通の生活にならなければ成功しないのです。いい方を換えると、成功するダイエットとは、**今までの食事を基準にして、その内容を見直す**ことです。

今までの食事を基準（ベースライン）にしつつ、カロリーオーバーになっていた部分はどれかを見直してみてください。具体的には、**高カロリーの脂質や摂取量が多く**

脂質と糖質を減らすためのアイデア

- **鶏肉**はもも肉ではなく、脂の少ない**胸肉**や**ささみ**を選ぶ
- **豚肉**はばら肉ではなく、脂身の少ない**ひれ肉**を選ぶ
- **牛肉**は霜降り肉ではなく、脂が少なく**赤身**の多い肉（肩ロースなど）を選ぶ
- 食べ足りないからといってご飯をおかわりするのではなく、**プロテイン食品**をとる
- **おやつ**や**間食**も高カロリーの洋菓子を控えて、ようかんなどの**和菓子**とともにプロテインをとる

なりがちな糖質を減らし、たんぱく質を意識的に増やすようにします。肉を食べるのであれば、脂質の量が少ない部位を選んで食べるといいでしょう。例えば、霜降り肉（和牛肉サーロイン）のカロリーと脂質の量は、100グラム当たり460キロカロリーで、脂質は47・5グラム。それを赤身のひれ肉に置き換えれば207キロカロリーで脂質は15グラム。カロリーも脂質も、半分以下に抑えられるのです。

　食事の量が足りなくても、ご飯をおかわりするのは控えましょう。**ご飯が足りなかったら、食後にたんぱく質を主成分とする粉状のプロテインを水に溶いて飲めば、満腹感が得られます。**摂取カロリーも糖質も減らせるうえ、ふだんの食事で不足しがちなたんぱく質を補うことができます。また、間食をとりたくなったときも、高カロリーのケーキやクッキーなどはさけて、ようかんなどの和菓子を選んだり、もの足りなければプロテイン食品を選んだりするといいでしょう。

脂質はカロリーが高いため食卓にマイキッチンばさみを用意して脂身を除き揚げ物は衣をはがして食べよ

■自分だけダイエットメニューを食べるのが難しい場合は、こう対処する

たんぱく質を多くとろうとすると、自然と脂質の摂取量も多くなりがちです。**調理法によってもカロリーは異なり、蒸す→焼く→煮る→炒める→揚げるの順に高くなっていきます**。鶏肉は、皮がついていると、そのぶんカロリーが高くなります。

そこで、脂質の多い食品を食べるときは、マイキッチンばさみを用意して、**目に見える肉の脂身や鶏皮は、カットして食べればいい**のです。ダイエット中は、**揚げ物は原則としてさけてください**。どうしても揚げ物を食べたいときには、チートデイ（84ページ参照）を利用するか、**衣をはがして少しでもカロリーを減らす**ようにしてください。こうした少しずつの積み重ねが、結果としてカロリーカットにつながり、ダイエットを成功に導くのです。

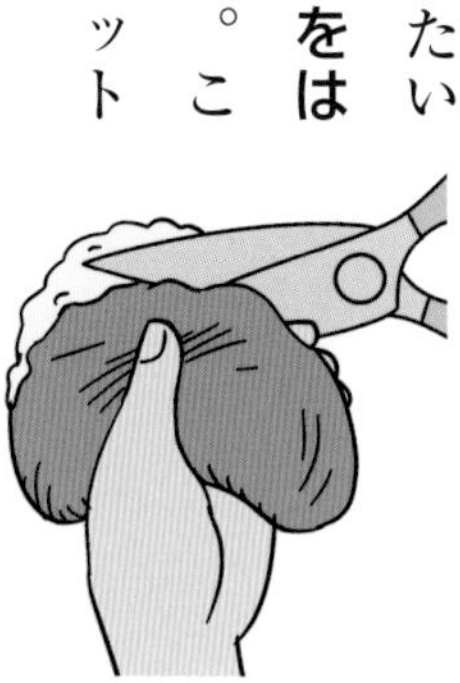

マイキッチンばさみで脂身をカット

食事は1日3食がよく朝・多め、昼・中くらい、夜・少なめを意識し、筋肉を作るたんぱく質を毎食多めに補給

■毎食、たんぱく質の多いおかずを追加して補う

食事は朝食を抜かず、1日3食をきちんと食べることが大切です。しかし、1日3食をしっかり食べている人でも、食事のとり方として、朝食の量が少なめで、昼食は普通の量、夕食でたっぷり食べるというパターンが多いでしょう。これまでも説明してきましたが、日中は活動量が多く、代謝も高まって脂肪が燃えやすくなっていきます。量を多く食べても、体脂肪として蓄積されにくく、太りにくい状態です。

そこで、**朝食をたっぷり食べて、昼は普通の量のまま、そして、夕食は量を少なめにして**、なるべく早い時間にすませることを心がけてください。

食事の内容については、**1日の総カロリーが増えないように配慮**したうえで、朝食は質よりも量を大切にし、カロリーをそれほど気にせずたくさん食べても大丈夫。昼食は、栄養バランスが極端に糖質や脂質に偏らないように心がけます。夕食は量より

朝食・昼食・夕食のとり方

朝食はたっぷり	昼食はふつう	夕食は少量

日中は活動量が多く、代謝も高まって脂肪が燃えやすい。そこで、朝食はたっぷり食べて、昼食は普通の量、そして、夕食は量をできるかぎり少なめにするのがおすすめ。

も質にこだわります。例えば、高級魚のノドグロやアワビの刺身など、好みの物や少しぜいたくな物を少量だけ食べるようにすれば、むしろ夕食が楽しみになるでしょう。

また、**夕食で主食を抜く「ゆる糖質制限」**（48ページ参照）を行えば、摂取カロリーをさらに抑えることができます。

そして、1日3回の食事では、メインの料理のほかに、**たんぱく質を多く含む料理を1～2品、必ず追加**してください。というのも、通常の食事メニューではどうしてもたんぱく質が不足しがちだからです。

納豆や卵焼き、ゆで卵、冷ややっこなど、たんぱく質を多く含む食品を組み合わせて追加するといいでしょう。おかずとして食事に追加するのが難しければ、**食後に豆乳やプロテイン飲料**などをとる方法もあります。たんぱく質を多く含む食品については59ページ、コンビニで買える高たんぱく質食品については、73ページで紹介しています。

私は1日にたんぱく質が何グラム必要？ 食材1食分で何グラム補える？ すごく便利な「たんぱく質早見表」

■1日に必要なたんぱく質の量は、体重（キロ）×1～1・5グラムで計算する

1日に必要なたんぱく質の量は、**体重**と日常での**運動レベル**によって決まります。ほとんど運動をせず、座っていることが多い人は**「軽度」**、座っていることが多いが、通勤や仕事、家事などを行い、軽い運動習慣がある人は**「中強度」**、よく体を動かす仕事に就いていたり、活発な運動習慣があったりする人は**「高強度」**となり、それぞれに必要なたんぱく質の量が異なります。また、マラソンなどの持久系の運動をしている人と、筋トレをしている人とでも、必要なたんぱく質の量は違ってきます。

該当する人が多いのが、中強度でしょう。会社に出勤をして、主にデスクワークを行い、ときどき運動をする習慣がある人が、この運動レベルに当てはまります。この場合、**1日に必要なたんぱく質の量は、体重1キロに対して1～1・5グラムが目安**になります。これを計算すると、体重70キロの人であれば、1日70～100グラム程度のたんぱく

1日に必要なたんぱく質量の計算のしかた

●計算例：体重70キロの人の場合

70キロ	×0.8～2.0 （下記の表より当てはまる数値を選択）	＝	1日に必要なたんぱく質量	56～140グラム

●あなたの体重

キロ	×0.8～2.0 （下記の表より当てはまる数値を選択）	＝	1日に必要なたんぱく質量	グラム

●活動量別に見た体重1キロ当たりの1日に必要なたんぱく質の量

軽度の運動をしている人	0.8～1.0グラム
中強度の運動をしている人	1.0～1.5グラム
高強度の運動をしている人	1.5～2.0グラム
持久系のトレーニングをしている人	1.2～1.4グラム
筋トレをしている人	1.6～1.7グラム

出典：樋口満編著「新版コンディショニングのスポーツ栄養学」

質をとる必要があり、3食で分けてとるなら、1食当たりに必要なたんぱく質の量は約20～30グラムです。

ちなみに、牛肉や豚肉、鶏肉などの肉類（脂身の少ない部位）の100グラム当たりのたんぱく質の量は、約20グラム。毎食100～150グラムのステーキを食べると、必要なたんぱく質の量がクリアできることになります。

上の図を参考に、自分の体重と、当てはまる運動レベルに応じて、必要なたんぱく質の量を計算してみてください。

次ページからは、肉・魚、大豆・乳製品・穀類、野菜や果物など、たんぱく質が多く含まれる主な食品を紹介しています。食事のメニュー選びや献立づくりの参考にしてください。

※注意：慢性腎臓病（CKD）の患者さんは、たんぱく質の摂取量が制限されていることがあります。適切なたんぱく質の摂取量については、主治医の指示に従ってください。

主な食品のたんぱく質量一覧

肉・魚介

		たんぱく質量*
鶏胸肉	(100グラム)	23.3グラム
鶏ささみ	(100グラム)	23.9グラム
鶏もも肉	(100グラム)	19グラム
豚ばら肉	(100グラム)	14.4グラム
豚肩ロース	(100グラム)	19.7グラム
牛ばら肉	(100グラム)	14.4グラム
牛肩ロース(赤身)	(100グラム)	18.0グラム
ハム	(2枚40グラム)	7.4グラム
クロマグロ	(100グラム)	26.4グラム
紅サケ	(100グラム)	22.5グラム
アジ	(100グラム)	19.7グラム
タコ(ゆで)	(100グラム)	16.4グラム
ブリ	(100グラム)	21.4グラム
シラス	(10グラム)	1.8グラム
ホッケ	(100グラム)	17.3グラム
カツオ	(100グラム)	25.8グラム
ツナ缶	(100グラム)	17.7グラム
サバ缶	(100グラム)	24.8グラム

大豆・乳製品・穀類

		たんぱく質量*
豆乳（成分無調整）	(コップ1杯200ミリリットル)	7.2グラム
牛乳	(コップ1杯200ミリリットル)	6.6グラム
低脂肪乳	(コップ1杯200ミリリットル)	7.6グラム
木綿豆腐	(1/2丁100グラム)	7.0グラム
絹ごし豆腐	(1/2丁100グラム)	5.3グラム

出典：「日本食品標準成分表 2020 年版（八訂）」 ＊可食部に含まれるたんぱく質量。

		たんぱく質量*
高野豆腐（乾燥）	(1個16.5グラム)	8.3グラム
油揚げ	(1枚30グラム)	7.0グラム
納豆	(1パック50グラム)	8.3グラム
玄米	(1膳150グラム)	4.2グラム
白米	(1膳150グラム)	3.8グラム
食パン	(6枚切り1枚60グラム)	5.3グラム
卵	(Mサイズ1個50グラム)	6.1グラム
プレーンヨーグルト	(100グラム)	3.7グラム
プロセスチーズ	(25グラム)	5.7グラム
クルミ	(20グラム)	2.9グラム

野菜・果物

		たんぱく質量*
ブロッコリー	(100グラム)	5.4グラム
トウモロコシ	(100グラム)	3.6グラム
枝豆	(50グラム)	5.9グラム
春菊	(100グラム)	2.3グラム
ホウレンソウ	(100グラム)	2.2グラム
サトイモ	(100グラム)	1.5グラム
ゴボウ	(100グラム)	1.8グラム
レンコン	(100グラム)	1.9グラム
カリフラワー	(100グラム)	3グラム
干しシイタケ	(中３個10グラム)	2.1グラム
シイタケ（生）	(３枚50グラム)	1.5グラム
バナナ	(1本100グラム)	1.1グラム
リンゴ	(1/2個100グラム)	0.1グラム

出典：「日本食品標準成分表 2020 年版（八訂）」 ＊可食部に含まれるたんぱく質量。

では結局、何をどれだけ食べればいいのか？ 朝昼晩のやせる献立づくりのアイデア教えます

■どんな体になりたいか、目的によってたんぱく質の割合が異なる

ここまで、ダイエットをするには食事が特に重要であること、そして食事では、脂質と糖質（炭水化物）をほどよく抑えて摂取カロリーを無理なく減らすことと、たんぱく質を意識してとることが重要だとくり返し述べてきました。では、結局、何をどれくらいとればいいのでしょうか。

食事の中で、たんぱく質（Protein）、脂質（Fat）、炭水化物（Carbohydrate）の3大栄養素が、どれくらいの割合を占めるかを示した比率のことを、それぞれの頭文字をとって**「PFCバランス」**といいます。

基準となるPFCバランスについては、**厚生労働省の「日本人の食事摂取基準・2020年版」**が参考になるでしょう。50歳未満の人の場合、総エネルギー摂取量に占める割合として、たんぱく質13～20％（50～64歳は14～20％、65歳以上は15～20％）、

PFCバランスとは

P = Protein
たんぱく質

F=Fat
脂質

C=Carbohydrate
糖質（炭水化物）

●厚生労働省が推奨する PFCバランス

厚生労働省では、「日本人の食事摂取基準」の2020年版から、総エネルギー摂取量に対するたんぱく質の目標摂取量を、50〜64歳は14〜20%、65歳以上は15〜20%に引き上げた（50歳未満は13〜20%）。

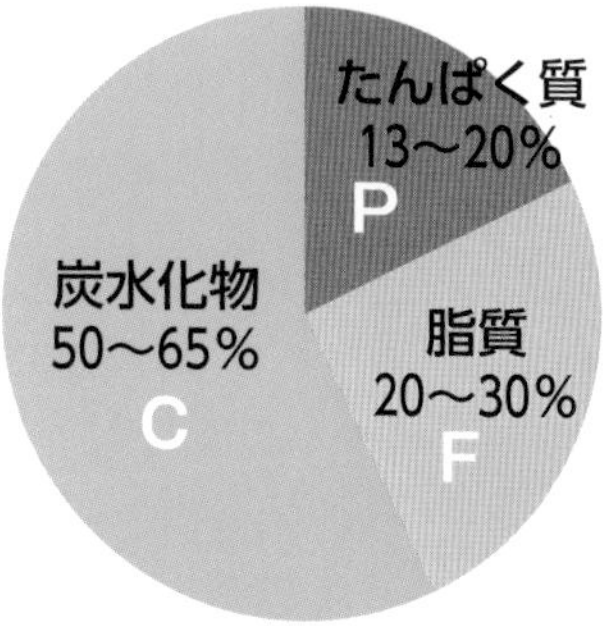

「日本人の食事摂取基準・2020年版」より

脂質20〜30％、炭水化物50〜65％が推奨されます（上の図参照）。

ふだんの食事内容は、厚生労働省のPFCバランスを参考にするのがいいでしょう。

左㌻では、目的別に、PFCバランスの割合を紹介しています。ダイエットをするときも、このPFCバランスを保ったまま、総摂取カロリーを減らすようにしてください。❶のPFCバランスなら、筋肉量を減らさずに、体脂肪を減らすことができます。❷は、体を引き締めつつ筋肉を増やしたいときに有効です。

筋肉を増やすには、十分に栄養をとったうえで筋トレを行うことが必須《ひっす》です。脂質に関しては、とりすぎてもだめで、とらないのもNG。良質な脂質（79㌻参照）を適量とりましょう。

PFCバランスは目的別に考える

❶筋肉量を落とさずにダイエットしたいなら

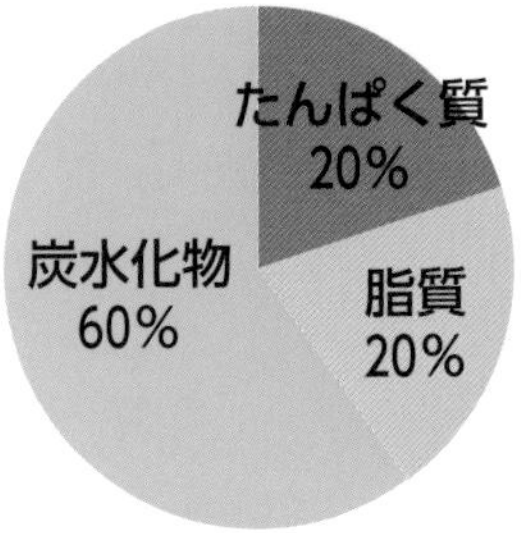

●たんぱく質は 若干多め、
炭水化物と脂質は若干少なめにして、
総摂取カロリーを減らす

健康的なダイエットを行うなら、厚生労働省推奨のPFCバランスをほぼ保ちつつ、総摂取カロリーを減らすことを心がける。筋肉量を保ったまま、体脂肪を減らすことができる。

❷より筋肉をつけたいなら

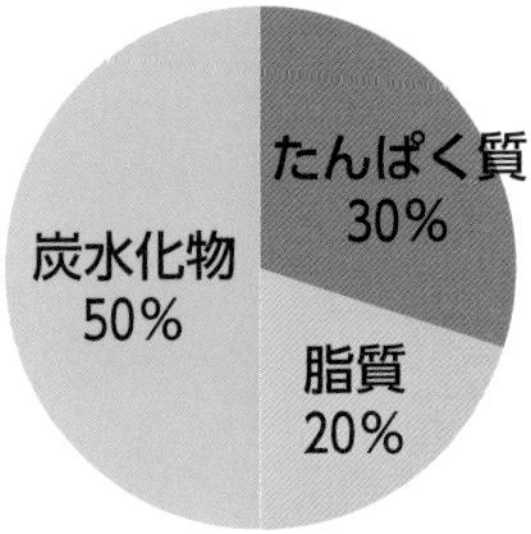

●筋肉をつけるために
たんぱく質の割合を増やす

体を引き締めつつ、筋肉も増やしたいと考えるなら、筋トレを行いながら、体脂肪となりやすい炭水化物を控えて、たんぱく質を増やすPFCバランスがおすすめ。

ここがポイント！

●**やせるには**▶総摂取カロリーを減らす

●**筋肉を増やすには**▶筋肉の原料となるたんぱく質を増やし、適度な炭水化物を同時に摂取し、筋トレを行う（すべてが必須！）。

●**脂質はどうする？**▶植物油や魚介類、豆類、種実類などに多く含まれる不飽和脂肪酸は積極的にとる。それ以外の肉の脂などはさける。

ダイエットは頑張ると長続きしないため、最初はゆるく無理なく継続第一を心がけよ

■長く続けられて、一生太らない生活習慣を身につける

「これから頑張って、ダイエットをします！」と宣言する人がいます。宣言すること自体はいいことです。しかし、「頑張って」ダイエットを行ってはいけません。**頑張って短期的な結果を求めるダイエットは、長続きせず、挫折《ざせつ》する人がほとんど**です。中には、こうしたダイエット法でも、頑張りつづけて成功する人もいるかもしれません。では、その後の生活はどうするのでしょうか。頑張るのに疲れてもとの生活に戻ってしまえば、リバウンドするのは明らかです。

ダイエットは、くり返して行うほど、体は逆にやせにくくなっていきます。そして、以前よりももっと頑張らなければやせなくなってしまうのです。**ダイエットとは、太らない生活習慣を身につけること**です。最初は、ゆるく無理なく始めて、一生続けられる習慣づくりをめざしてください。

鶏胸肉・ささみ・牛赤身を湯煎で火を通すだけ！おいしい「手作りサラダミート」レシピ

■低温でじっくり火を入れて肉が硬くならない湯煎調理がイチ推し

ダイエット中の献立づくりでは、たんぱく質を多く含む肉類の出番が多くなるでしょう。そのさいには、できるだけ脂質の少ない部位（鶏胸肉やささみ、牛の赤身肉など）を選んでください。ただし、脂質が少ない肉は、普通に調理するとパサパサして硬くなりがちです。そこでおすすめなのが、自宅で簡単にできる**「湯《ゆ》煎《せん》調理」**です。

本書で紹介するのは、「大きめの鍋でお湯を沸騰させて火を止め、そこにポリ袋に入れた肉を沈めて、10分ほど余熱で火を通す湯煎調理」です。煮たり焼いたりするよりも、肉の温度がゆっくり上昇するので線維が縮みにくく、肉質が硬くならず、柔らかでジューシーな仕上がりになります。味つけは、塩・こしょう、しょうゆなどがあります。インスタントコーヒー、フルーツなどを隠し味に加えると味に深みが生まれます。次ページでは、よりくわしい湯煎のしかたとメニュー例を紹介しましょう。

湯煎鶏胸肉の作り方

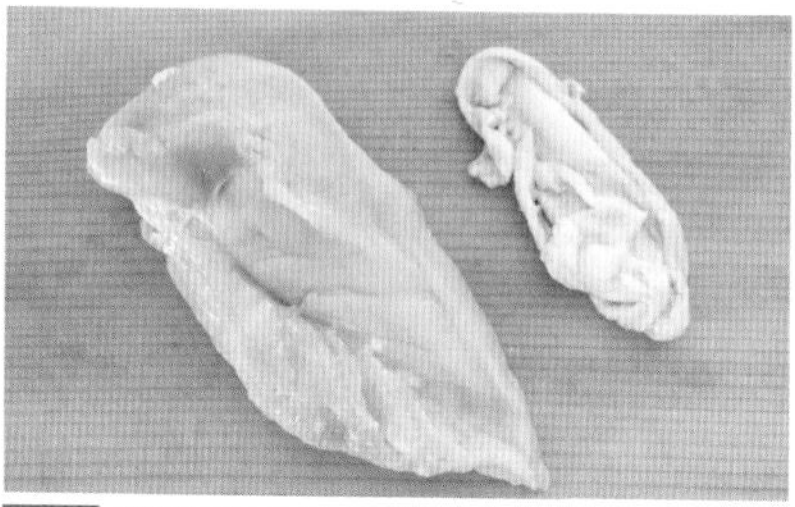

1 鶏胸肉1枚を用意し、高カロリーの皮や脂は取り除く（写真は400グラム）。

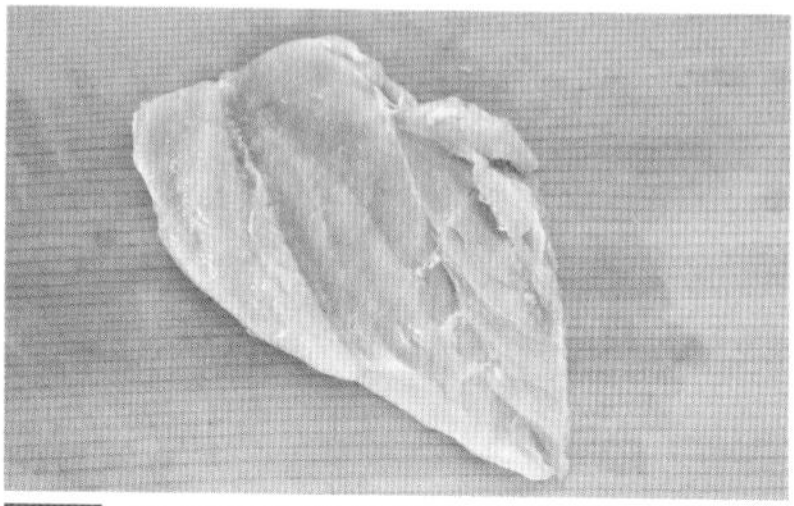

2 肉の厚みは2センチ程度が最適。それ以上の場合には、切って開く。

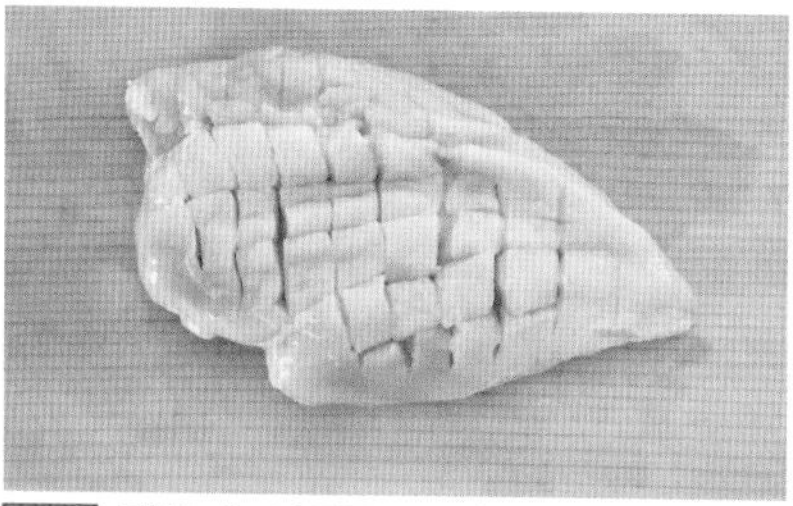

3 鶏胸肉の両面に1センチくらいの幅で縦と横に包丁で切れ目を入れる。

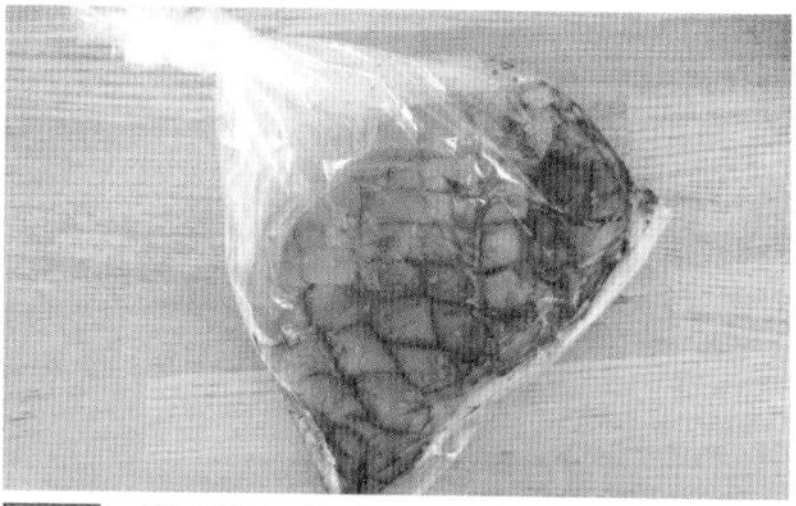

4 ポリ袋に入れて、肉の全周にしょうゆをかける。空気を抜いて、なるべく肉から離れた位置でポリ袋をしばる。

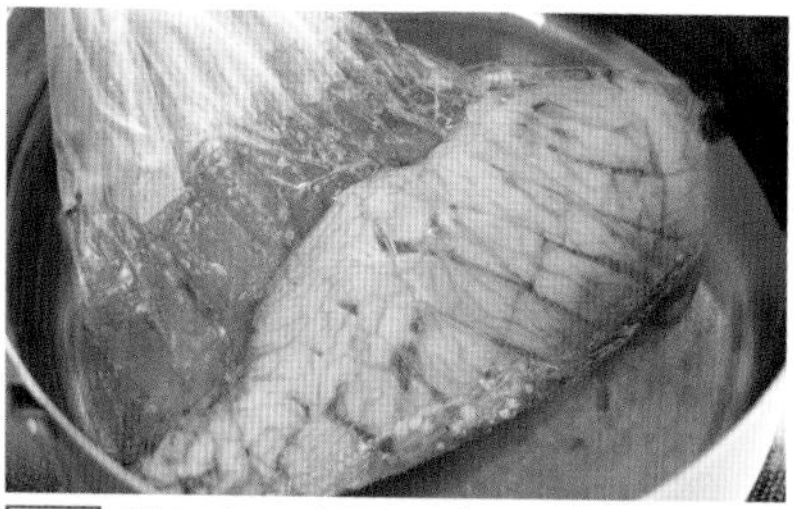

5 鍋にたっぷりの水（2リットル程度）を入れて沸騰したら火を止める。そこに4を入れ、余熱で10分程度火を通したらでき上がり（残った肉汁は塩分が多いので捨てること）。

- 余った湯煎鶏胸肉は、冷蔵庫で3日間ほど保存できる。
- ささみや牛赤身の湯煎も、同様のプロセスで作る。
- 塩・こしょうのみの味つけもおすすめ。3で肉の両面に塩・こしょうを振る（そのときは4でのしょうゆは不要）。
- 肉に火が通っていない場合は、余熱時間を増やす。

●鶏胸肉の栄養成分（若鶏皮なし100グラム）

- 熱量 105キロカロリー
- たんぱく質 23.3グラム
- 脂質 1.9グラム
- 炭水化物 0.1グラム

●鶏ささみの栄養成分（若鶏 100グラム）

- 熱量 98キロカロリー
- たんぱく質 23.9グラム
- 脂質 0.8グラム
- 炭水化物 0.1グラム

●牛赤身の栄養成分（輸入牛肩ロース赤身 100グラム）

- 熱量 219キロカロリー
- たんぱく質 18.0グラム
- 脂質 17.1グラム
- 炭水化物 0.1グラム

私も食べている「手作りサラダミート」活用メニュー

湯煎鶏胸肉の和風サラダ

●材料（1人分）

湯煎鶏胸肉（作り方66ページ）100グラム、レタス適量、トマト適量、ベビーリーフ適量、ノンオイル和風ドレッシング（市販品）大さじ1

●作り方

1. 野菜は洗って水けを切り、食べやすい大きさに切る。湯煎鶏胸肉も食べやすい大きさにスライスする。
2. 皿に1をのせ、お好みでドレッシングをかける。

栄養成分（1人分）

●湯煎鶏胸肉の和風サラダ
・熱量 195キロカロリー　・脂質 3.3グラム
・たんぱく質 39.7グラム　・炭水化物 3.8グラム

●ブロッコリーのまぜご飯
湯煎牛肉添え
・熱量 491キロカロリー　・脂質 25.4グラム
・たんぱく質 35.1グラム　・炭水化物 39.4グラム

※調理後の100グラム当たりの栄養成分

ブロッコリーのまぜご飯 湯煎牛肉添え

●材料（1人分）

湯煎牛肉（肩ロース・皮下脂肪なし、しょうゆ大さじ1/2で湯煎する、作り方66ページ参照）100グラム、ブロッコリー（冷凍）220グラム、牛ひき肉50グラム、ご飯75グラム（茶碗半分）、チューブニンニク1センチ、塩・こしょう各適量、ゆでサヤエンドウ適量

●作り方

1. 湯煎牛肉は食べやすい大きさにスライスする。ブロッコリーは解凍する。
2. フライパンにニンニクと牛ひき肉を入れて炒め、ブロッコリーを加えて木べらで細かくしながら炒める。
3. ご飯を加えて軽く炒めたら塩・こしょうで味を調え、器に盛り、1の湯煎牛肉をのせ、サヤエンドウを添える。

肉ばかりでなく魚介類からもたんぱく質を補給！低カロリーな「シーフードミックス」の簡単レシピ

■肉に飽きたら、市販の冷凍シーフードミックスで手軽にたんぱく質を補給

肉類は、たんぱく質が豊富な食材ですが、魚介類にも、たんぱく質を多く含むものが少なくありません。例えば、紅サケ1切れ半（約１００グラム）には22・5グラム、ホッケ4分の1切れ（約１００グラム）には17・3グラム、ブリ1切れ（約１００グラム）には21・4グラムのたんぱく質が含まれています。そのほかエビ、イカ、タコ、ホタテなども、肉類に劣らず、たんぱく質を多く含む食材です。

そこで、市販されている冷凍のシーフードミックスとブロッコリーを使って、簡単に作れる高たんぱくメニューを紹介しましょう。シーフードミックスについては、製品にもよりますが、１００グラム当たり10グラム強、冷凍ブロッコリーには3グラム程度のたんぱく質が含まれています。左ページでは、1人分で23・4グラムのたんぱく質がとれるメニューを考えてみました。肉類のメニューに飽きたときは、試してみてください。

シーフードミックスの簡単中華炒め

●材料（1人分）

シーフードミックス（冷凍）200グラム、ブロッコリー（冷凍）100グラム、カットワカメ（乾燥）1グラム、
Ⓐ〈顆粒中華だし小さじ１、オイスターソース小さじ１と1/2〉ゴマ油数滴、黒こしょう適量

●下準備

・シーフードミックスは解凍し水けをよくふき取る。
・ブロッコリーも解凍する。
・カットワカメは水で戻し、水けを切る。

●作り方

❶フライパンにシーフードミックスとブロッコリーを入れ、中火で炒める。
❷シーフードミックスに火が通ったら、Ⓐとワカメを加え軽く炒める。
❸器に盛り、仕上げにゴマ油を数滴垂らし、お好みで黒こしょうを振る。

●栄養成分（１人分）

・熱量 132.9キロカロリー
・たんぱく質 23.4グラム
・脂質 1.8グラム
・炭水化物 8.3グラム

米・オーツ麦をシイタケ・ヒジキ・高野豆腐と炊くだけ！
高繊維でたんぱく質もとれる「腹持ち抜群ご飯」

■低糖質でお米といっしょに炊けるオーツ麦が今話題

最近、ダイエットに役立つ食材として、**「ライスオーツ」**が注目されています。ライスオーツとは、外皮を薄くむくことで食物繊維やビタミン、ミネラルなどの栄養を残した、ライス（ご飯）のようなオーツ麦のこと。糖質は白米の3分の1程度、100グラム当たりのたんぱく質の量は12・4グラムで、白米の2倍に相当します。

白米にまぜて炊飯器で炊くことができるので、毎日のメニューに簡単に取り入れることができます。ここでは、たんぱく質を多く含む高野豆腐を中心に、シイタケやヒジキを加えた低カロリーで食物繊維たっぷりのメニューを紹介しましょう。腹持ちがいいので、空腹感が少なくなるのもうれしいポイントです。

ライスオーツとは

炊飯器でお米と同じように炊くことができるため、この名前がついた。もちもちとした食感が人気。複数のメーカーから発売されており、大手スーパーのほか、通信販売で購入可能。

高野豆腐とシイタケの腹持ち抜群ご飯

●材料（茶碗5杯分）

米1合、ライスオーツ0.5合、高野豆腐1枚半（25グラム）、ヒジキ（乾燥）10グラム、干しシイタケ（乾燥）10グラム、ショウガ1片、水1．5合分、しょうゆ・みりん各大さじ2

●下準備

- 米とライスオーツは炊く30分以上前に洗米し、ざるに上げておく。
- 高野豆腐・干しシイタケは水で戻し、水けを切る。

●作り方

❶高野豆腐・干しシイタケは1センチ程度の角切りにする。ショウガはみじん切りにする。
❷炊飯器にすべての材料を入れ、普通に炊飯する。
❸炊き上がったら器に盛る。

※たんぱく質の量を増やしたいときには、高野豆腐の量を2～3倍に増やすといい。干しシイタケを戻した水は、捨てずに活用する。

●栄養成分（お茶碗1杯分）

- 熱量 216.8キロカロリー
- 脂質 2.8グラム
- たんぱく質 7.2グラム
- 炭水化物 40.5グラム

コンビニ弁当では野菜ばかりかたんぱく質も不足でギリシャヨーグルトやプロテインを活用

■コンビニ弁当に、高たんぱく質食品を追加しよう

会社勤めをしていると、昼食は外食やコンビニ弁当に頼りがちになります。こうした昼食は野菜不足がよく指摘されますが、実は、たんぱく質も足りていないことが多いのです。そこで、**ギリシャヨーグルトやサラダチキン、サラダフィッシュ、ゆで卵**など、たんぱく質を多く含む食品を追加するといいでしょう。「サラダチキン」は、たんぱく質を簡単に補充するのにとても有用です。冷蔵のまま食べるよりは、レンジで温めると、格段に柔らかくおいしくなるので、ぜひ試してみてください。

たんぱく質の重要性が知られるにつれて、最近では、商品棚の一角にプロテイン飲料やプロテインゼリー飲料、プロテインバーなどを並べた「プロテイン・コーナー」を設けるコンビニも増えています。これらを利用するのも、たんぱく質を効率よく補給する方法です。

コンビニで買える高たんぱく質食品の例

種類	内容量	たんぱく質量	熱量
プロテイン飲料	200ミリリットル	15.0グラム	102キロカロリー
プロテイン ゼリー飲料	150グラム	15.0グラム	112キロカロリー
プロテインバー	44グラム	15.9グラム	211キロカロリー
ギリシャヨーグルト	113グラム	12.0グラム	71キロカロリー
サラダチキン （プレーン）	115グラム	25.9グラム	145キロカロリー
サラダチキン スティック	1本 60グラム	11.4グラム	66キロカロリー
サラダフィッシュ （水煮）	60グラム	15.4グラム	63キロカロリー
豆腐バー	1本	10グラム	104キロカロリー
カニカマバー	1本	10グラム	75キロカロリー
豆乳1パック	200ミリリットル	8.3グラム	113キロカロリー
ゆで卵	1個	6.2グラム	69キロカロリー
納豆	1パック （55グラム）	7.9グラム	88キロカロリー
豆腐（充填）	1個 （150グラム）	7.5グラム	91キロカロリー
豆腐そうめん風 （めんつゆつき）	158グラム	6.0グラム	101キロカロリー
6Pチーズ	1個 （16.7グラム）	3.6グラム	56キロカロリー
スライスチーズ	1枚 （15グラム）	3.0グラム	50キロカロリー
厚焼き卵	1パック （100グラム）	8.8グラム	173キロカロリー

※内容量、たんぱく質量、熱量は、例としてあげています。メーカーによって差があるので、購入時に栄養成分表示をよく確認してください。

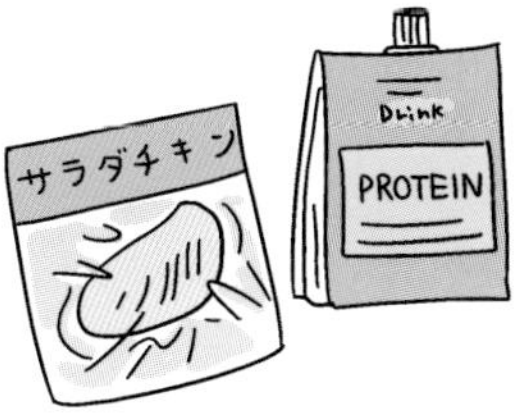

現在では、商品のパッケージには、栄養成分を表示することが義務づけられています。高カロリーや脂質の多いものをさけ、低カロリー・高たんぱくのものを選んでください。ただし、いくらカロリーの低いものを選んでも、たくさん食べてはカロリーオーバーになってしまいます。量についてもよく検討してください。

おなかがすいたときは「体脂肪が燃えている」と思えばよく、おやつ代わりに「プロテイン」を摂取

■糖質とたんぱく質の同時摂取で、筋肉を効率的に増やせる

ダイエットで摂取カロリーを減らすと、空腹を感じるようになります。**「おなかがすいた」と感じたときは、体が体脂肪や筋肉を分解してエネルギーとして利用しはじめた時間帯**です。そのときは、「つらい」と思わずに「体脂肪が燃えている」とプラスに考えるとらくになります。ただし、空腹で運動するのは、体脂肪よりも筋肉が余計に減ってしまうのでさけてください。一方、空腹で最も効率よく体脂肪が燃えるのは睡眠時です。それが、寝る前には何も食べないほうがいい理由です（76ページ参照）。

筋肉が大きく発達したボディビルダーの間では、1日5～6回の食事回数が常識となっています。筋肉の材料になるたんぱく質をこまめに補給しているのです。筋肉を増やしたいなら、一般の人でもこのやり方は大いに参考になります。しかし、1日5～6回の食事を行うというのは現実的ではありません。そこで、おすすめしたいの

プロテインを利用してたんぱく質を補う

■プロテインのとり方の例

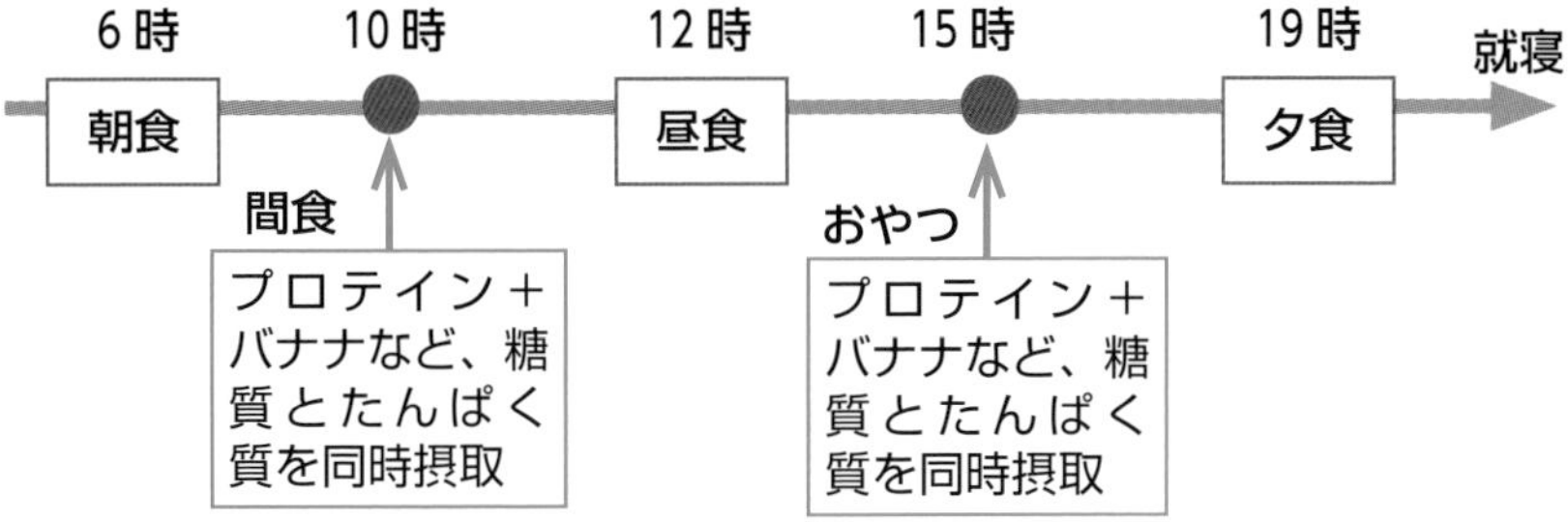

●間食のたんぱく質量は10〜15グラム相当量を1日2回程度が目安。
●運動を行った後にも、30分以内にプロテイン食品をとるといい。

が、1日3食をきちんと食べたうえで、朝食と昼食の間に1回、昼食と夕食の間に1回、間食をとることです。午前中は10時くらい、午後は3時くらいにおやつの時間を設けるといいでしょう。

間食には、バナナやせんべい、ようかんなどの糖質を選ぶ人が多いでしょう。このとき、必ずたんぱく質を同時に摂取してください。すると、糖質は生活活動のエネルギーとして使われ、たんぱく質は筋肉を作る材料として体に吸収されて、筋肉が減るのを阻止できます。

また、**運動をしたあと、30分以内にたんぱく質をとると、筋肉がつきやすい**とされています。

1日3食の食事内容によりますが、間食でとりたいたんぱく質の量は、およそ10〜15グラムです。市販のプロテイン食品を利用すれば手軽にとれて、たんぱく質の量もわかりやすいのでおすすめです。

就寝の2時間前以降はカロリーのある飲食物をとってはいけない！　誘惑に負ければたちまち体脂肪が蓄積

■就寝時間に脂肪をため込む遺伝子が活性化する

ダイエットでは、食べる内容や量もさることながら、**「食べる時間帯」**も重要です。人間の体には、睡眠や血圧、体温などの体内時計を調整する「時計遺伝子」と呼ばれるたんぱく質が備わっています。このうち、「ビーマルワン」という時計遺伝子は、脂肪細胞に体脂肪をため込む働きをしています。

このビーマルワンは、１日の時間帯によって活性度が変化します。活性度が最も低いのが14時前後で、日中は体脂肪をため込む働きが低いのです。ところが、ビーマルワンは、22時くらいから急激に活性化して、夜中2時前後にピークに達します（左ジペーの図参照）。つまり、夜遅くに食事をすると、日中の食事に比べてはるかに太りやすくなってしまうのです。これが、就寝前の2時間以降は、カロリーのある飲食物をとってはいけないといわれる理由です。

睡眠中は体脂肪が蓄積されやすい

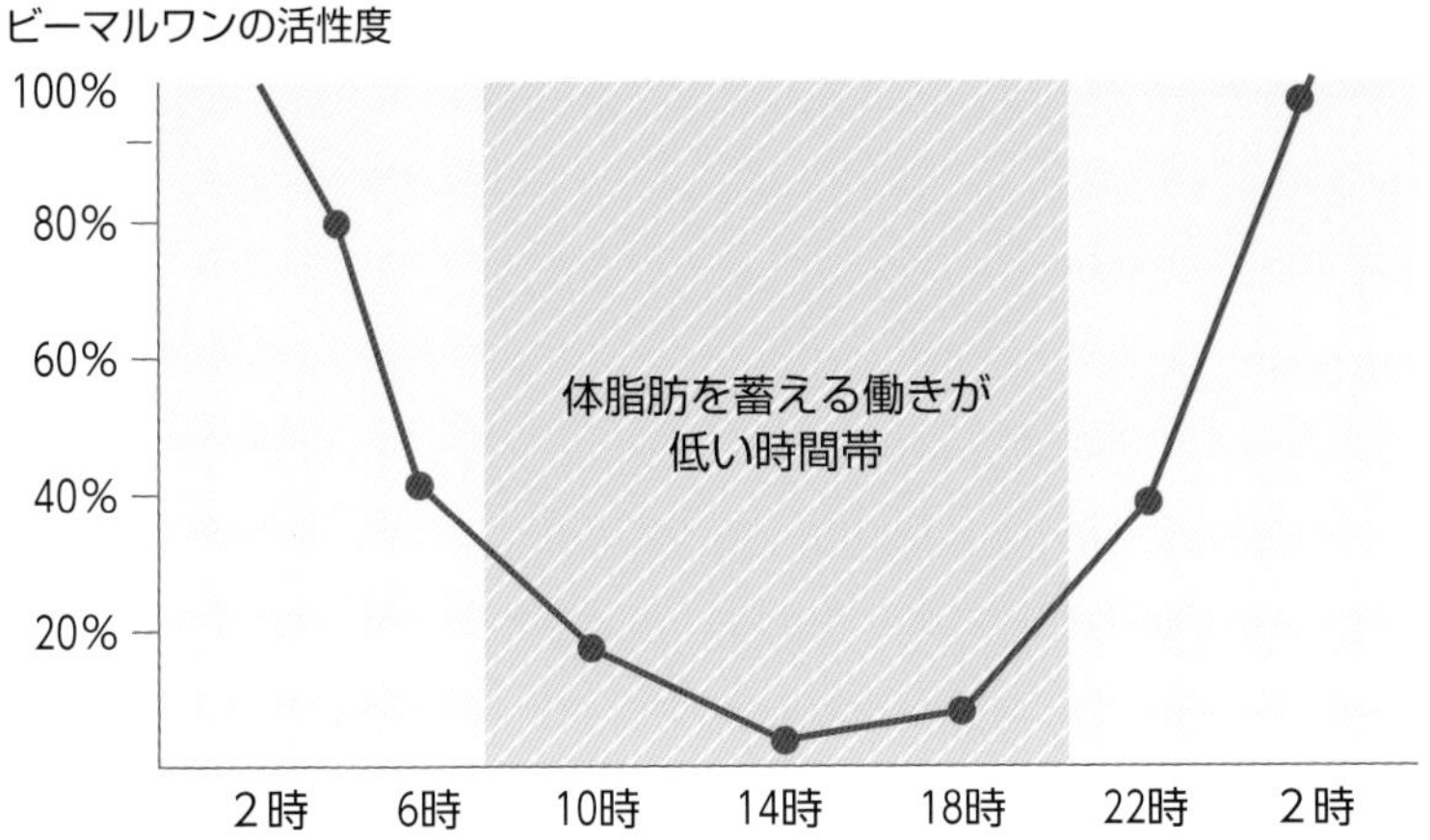

出典：榛葉繁紀日本大学教授の資料よりグラフ作成

就寝前に食べないことについては、もう一つメリットがあります。実は、睡眠中は体脂肪の燃焼率（脂質をエネルギーとして使う割合）が高く、体脂肪を燃やす効果が期待できるのです。

一般に、脂肪燃焼率は、有酸素運動を行ったときで約50％とされています。ところが、脂肪を燃焼する「率」だけを見ると、睡眠中の脂肪燃焼率は約70％と、はるかに高いのです。もちろん、脂肪が燃焼される「量」については運動時にはかないませんが、寝ているだけでも、基礎代謝によって体脂肪が燃えることになります。

おなかの中に食べ物が入っていると、就寝中は運動量が少ないだけに、エネルギーとして使われず、体脂肪を減らすどころか、増やすことになってしまいます。誘惑に負けずに就寝して、睡眠中に体脂肪が燃えるのを待ちましょう。

食べる順番は、野菜から食べはじめるのがベスト！
食後の血糖値の急上昇を抑えて体脂肪の蓄積を抑制

野菜から食べて血糖値の上昇を抑える

●ご飯から食べた場合とサラダから食べた場合の血糖値上昇の違い

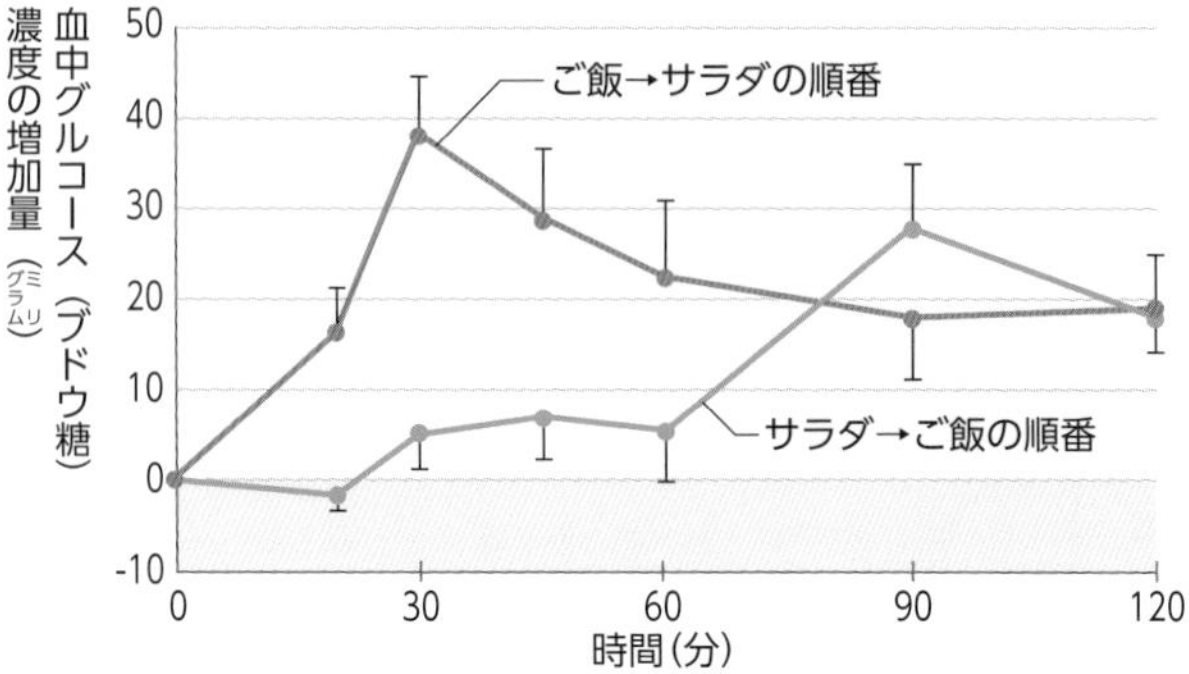

血中グルコース（ブドウ糖）濃度の増加量（ミリグラム）
50
40
30
20
10
0
-10
ご飯→サラダの順番
サラダ→ご飯の順番
0
30
60
90
120
時間（分）

出典：金本郁男他．糖尿病 53(2)：96-101, 2010

■野菜から食べて、血糖値の急上昇を抑える

食事で野菜から食べはじめると食後血糖値の急上昇を抑えられるという報告があります（上のグラフ参照）。私自身も野菜から食べ、5分してから主食を食べる実験を行い、同様の結果を確認しています。食後に血糖値が上がると、血糖値を下げるためにインスリンというホルモンが分泌《ぶんぴつ》されます。インスリンには、血液中の糖分を脂肪に換えて体にため込む働きがあるのです。食物繊維は消化速度が遅いため、先に野菜を食べて5分待つことで、あとから食べる物の吸収速度を抑えて血糖値が上がりにくくなります。食物繊維が水分で膨張するので、食べすぎも防げます。

細胞膜やホルモンの原料になる脂質は最低限の量は必要で、魚油・アマニ油・エゴマ油なら内臓脂肪も減

魚油（EPA・DHA）は体脂肪を減らす

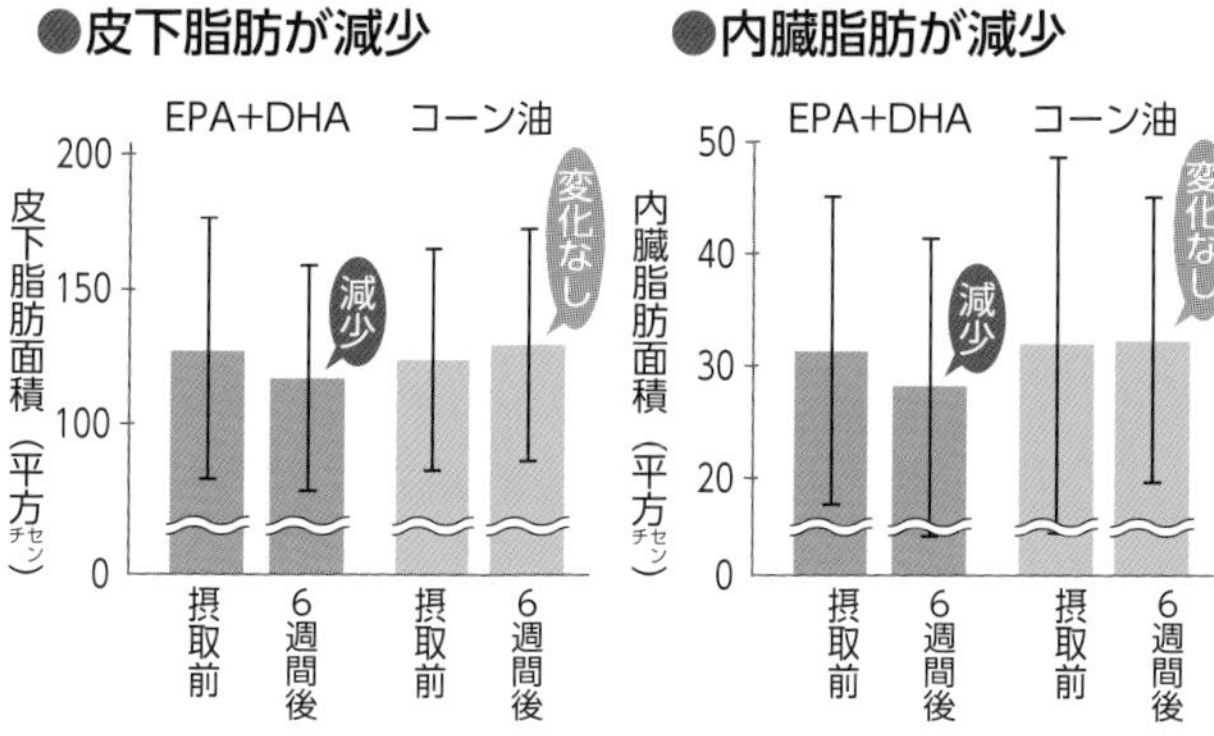

出典：日本栄養・食糧学会誌 Vol.55　No.6(2002)

■オメガ3脂肪酸には、体脂肪を減らす働きも

脂質は高カロリーのためダイエットの大敵。とはいえ、細胞膜やホルモンの原料となる栄養素なので、最低限の量は必要です。そこで、脂質をとるなら、**「オメガ3脂肪酸」**という不飽和脂肪酸が多い油を選んでください。

オメガ3脂肪酸には、植物由来でα《アルファ》-リノレン酸を多く含む**アマニ油**や**エゴマ油**などがあります。魚由来の油としては、青魚に多い**EPA**や**DHA**が有名です。実は、驚くべきことに、EPAやDHAには、皮下脂肪や内臓脂肪を減少させる働きのあることが研究で確認されています（上のグラフ参照）。良質な油は、ダイエットにも有用なのです。

お酒は体には毒で、肝臓の働きはその解毒を優先するため、栄養素の代謝が滞り体脂肪がたまりやすくなる

肝臓はアルコールの解毒を優先する

食事やおつまみの消化は後まわしにされるため体脂肪が蓄積

■太りやすさの原因は、お酒よりも実はおつまみにある

お酒（アルコール）は太る原因とされています。糖質を含むビールやワイン、日本酒はさけ、ウイスキーや焼酎《しょうちゅう》のほうがいいとよくいわれますが、糖質を含むお酒を飲んでも、血糖値はそれほど上がりません。

本当の太る原因は、お酒に含まれる糖質やカロリーではなく、いっしょに食べる食事やおつまみにあります。実は、アルコールは、体にとっては毒。そのため、お酒を飲むと肝臓はまず、アルコールの分解（解毒）を優先します。つまり、アルコールは、すぐに分解・代謝されますが、食事やおつまみに含まれる糖質や脂質などの代謝は、アルコールの分解が終わるまで後まわし。代謝しきれなかった食事やおつまみの分のカロリーが体脂肪としてたまりやすくなるのです。

やせられない人はお酒を惰性で飲んでいることが多く、禁酒や節酒するだけでもダイエット効果あり

飲酒は肥満の原因となる

●飲酒量と高中性脂肪血症の発症確率の関連

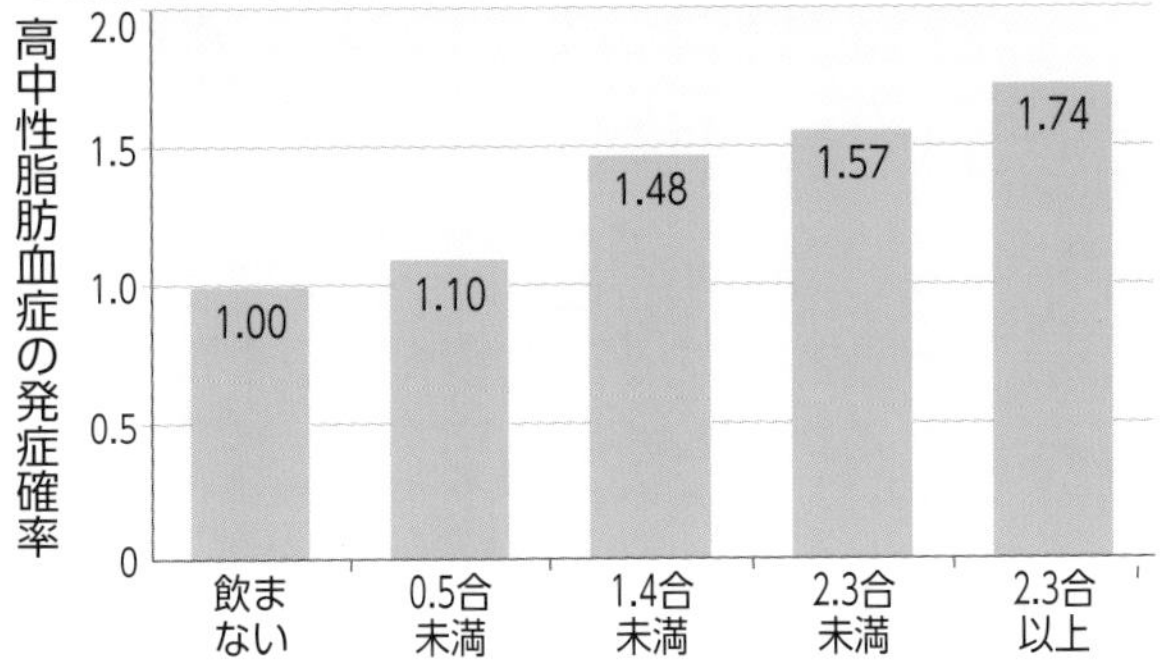

『佐々木敏の栄養データはこう読む！』（女子栄養大学出版部）の台湾人男性の数値を日本酒換算量でグラフ化

■飲酒量が増えると肥満や脂肪肝になる危険が高まる

脂質異常症（高脂血症）とは、脂質の代謝が正常でない状態のこと。特に、血液中の中性脂肪の量が異常に多い（１５０ミリグラム以上）高脂血症を「高中性脂肪血症」といい、肥満や脂肪肝（中性脂肪が肝臓に蓄積する病気）の原因になります。台湾人男性を対象にした調査でも、日本酒換算で飲酒量が１日１合を超えると、高中性脂肪血症になりやすくなることが報告されています（上のグラフ参照）。お酒が好きでやせられない人の多くが、習慣や惰性で飲んでいるものです。そうした人は、禁酒や節酒をするだけで、顕著にやせられることが少なくありません。

食事を選べない飲み会でダイエットに失敗する人が多く、飲み会の前・最中・後の心得を教えます

■食べすぎ・飲みすぎを反省するのではなく、反省しない飲み方を心がける

仕事のつきあいなどで同僚や友人から、飲み会に誘われることがあるでしょう。「ダイエット中だから」と断れば、人間関係を悪くしかねません。そこで、飲み会に行くときの「心得」をお教えしましょう。

大原則として、**お酒は体には毒ですから量は少なめにしましょう**。特に注意したいポイントは左㌻にも示しましたが、**空腹で飲み会に行かないこと**。コンビニなどに立ち寄って、野菜スティックやゆで卵などの低カロリーや高たんぱくの食品を食べて、おつまみの食べすぎを防ぎます。メニューを選べない飲み会では、**サラダやおひたしなどの野菜類から食べる**こと。そして当然のことですが、飲んだ後の「締めのラーメン」は厳禁です。さらに、**飲み会の翌日でも、断食《だんじき》をしない**こと。食べすぎ・飲みすぎを反省するのではなく、反省しない飲み方を心がけるようにしてください。

飲み会の前から翌日までの心得

飲み会の前の準備と最中の注意点

■腹ペコで飲み会に行かない

飲み会で食事やおつまみを食べすぎないように、飲み会の前におなかに食べ物を入れておく。仕事帰りなら、コンビニの野菜スティック、サラダチキン、ゆで卵などがおすすめ。

■お酒はチビチビ飲み、サラダから食べる

乾杯の後、まずはサラダなどの野菜から食べて5分以上たってから、ほかのおつまみを食べはじめる。アルコールは飲みすぎを防ぐため、少量をチビチビと飲む。水を用意するのもいい方法。

飲み会の後の注意点

■締めのラーメンは厳禁

ラーメンは、たんぱく質がわずかで、大部分は糖質と脂質。さらに、寝る前に食べることになるのでダイエットの大敵。

■運動をして血糖値を下げる

食べた分はその日のうちにエネルギーとして消費するのが理想。一駅歩くなどして酔いを覚ますのもいい。歩けないほど酔ってしまうのは明らかに飲みすぎ。

飲み会の翌日の過ごし方

■食べすぎ・飲みすぎても断食しない

断食をすると、体脂肪よりも先に筋肉が減ってしまうので、飲み会で食べすぎ・飲みすぎをしても断食しないこと。前日のことを反省するのではなく、反省しない飲み方を心がける。

■前日の飲み会はチートデイだったと考える

食べすぎてしまったときは、減量停滞期を脱出するためのチートデイ（次ページ参照）ととらえるといい。

体重が減らなくなるダイエット停滞期は、好きな物を食べていい「チートデイ」を作って突破する

■週に1度、好きな物を食べていい日を作る

ダイエット中に、体重がなかなか減らなくなる「停滞期」が訪れることがあります。摂取カロリーを減らした期間が続くと、体が少ないカロリーで動ける省エネモードに切り替わり、体脂肪が燃えにくくなるのです。そこで、**停滞期が訪れたら、好きな物を食べていい「チートデイ」**を作りましょう。「チート」とは「だます」という意味。週に1日だけ好きな物を食べていい日を作ることで、「摂取カロリーは十分にある」と体をだますのです。ストレス発散にもなるので、長続きするダイエットの後押しにもなります。ただし、気がゆるんで毎日がチートデイにならないようにしてください。

停滞期の脱出にはチートデイが効果的

●チートデイで停滞期を脱出するイメージ

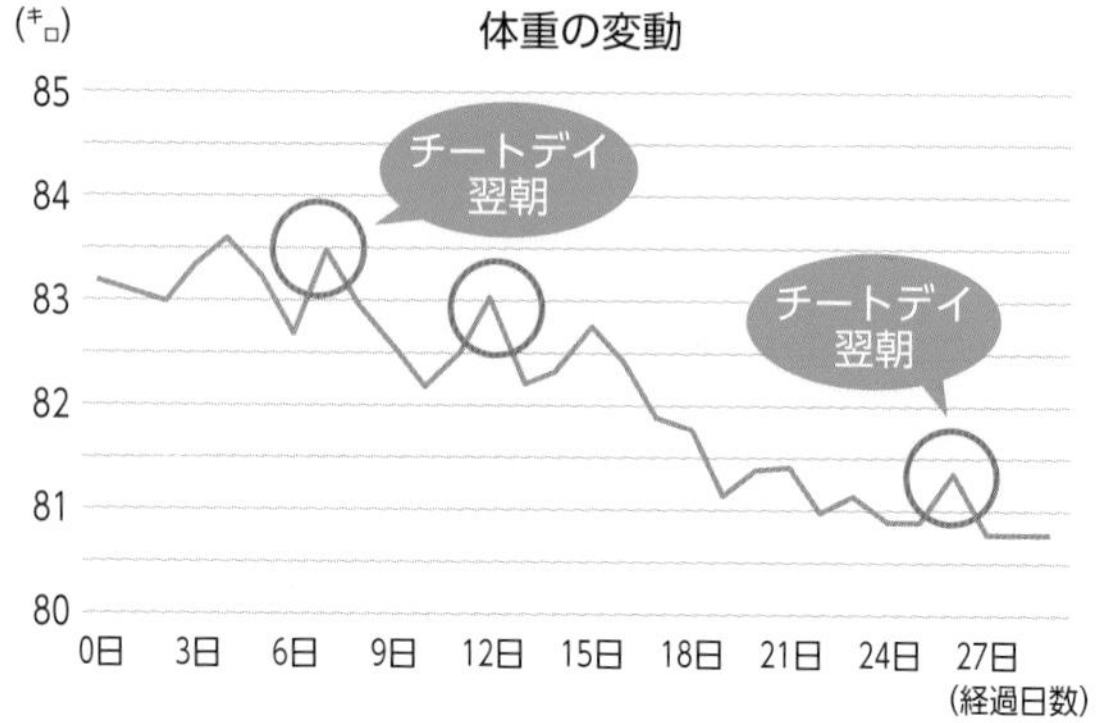

(キロ)
体重の変動
85
84
83
82
81
80
チートデイ翌朝
チートデイ翌朝
0日
3日
6日
9日
12日
15日
18日
21日
24日
27日
(経過日数)

おすすめのダイエット食品は、糖の吸収を妨げて食後血糖値の上昇を抑える「サラシノール」

■サプリメントはあくまでダイエットのサポートとして利用する

よく、「ダイエットに効果的なサプリメントはありますか？」と質問されます。

これまで述べてきたように、体脂肪を減らそうと思うなら、食事の内容を吟味《ぎんみ》して摂取カロリーを抑え、運動で筋肉を増やしてやせるのが健康的なダイエットの基本です。そのうえで、ダイエットの効果をサポートするものとして取り入れるのがサプリの正しい使い方。サプリだけを飲んでいればやせるわけではありません。

これを踏まえたうえで、ダイエットに役立つ成分を私が選ぶとしたら、「サラシノール」でしょう。サラシノールは、インドやスリランカなど、東南アジアの熱帯地域に自生する**「サラシア」**というつる性の多年生植物に含まれている成分です。

近年、科学的な分析により、サラシアに含まれるサラシノールという成分には、糖質を分解する消化酵素の働きを抑える作用があり、食事でとった糖質が体内に吸収さ

食後の血糖値の上昇が抑えられる

サラシノールを摂取後、食後 30 分の血糖値を比較

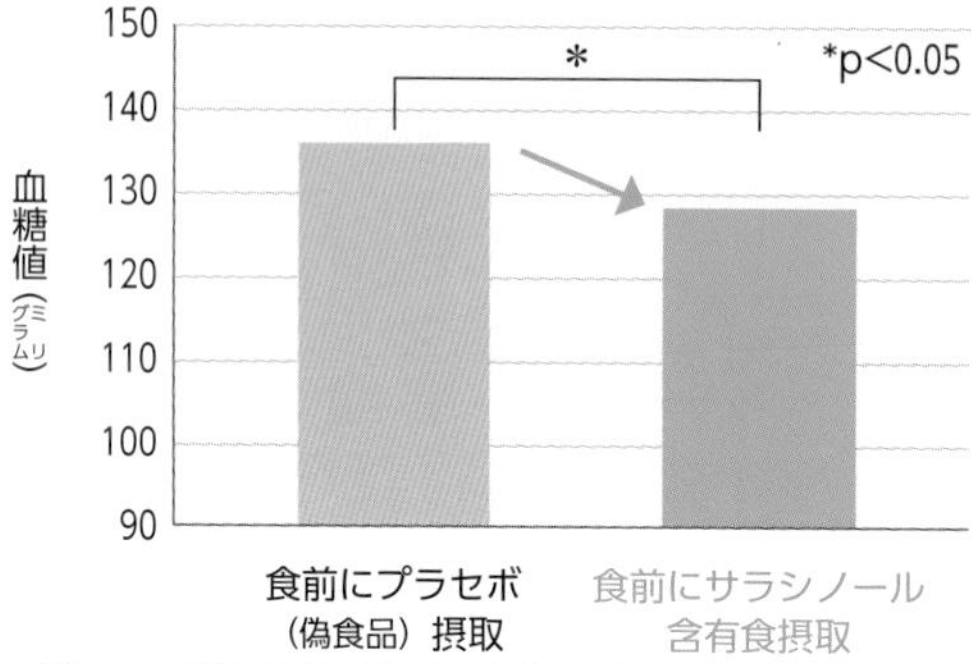

150
140
130
120
110
100
90
血糖値（ミリグラム）
*
*p<0.05
食前にプラセボ（偽食品）摂取
食前にサラシノール含有食摂取

食前にサラシノールを摂取すると、摂取していない場合に比べて食後の血糖値が低くなることが報告されている。

※出典：別府ら、日本食品新素材研究会会誌、題巻 2 号、105-117（2015）より

れにくくなることが確認されました。つまり、食後血糖値の上昇を抑えて、太りにくくなるわけです。私自身もサラシノールをとったところ、食後血糖値の上昇を防げることを確認しています。サラシノールは、粒状のサプリメントや健康茶として市販されています。

お茶の場合は、煮出して保存しておき、食前か食事中にコップ1～3杯（1杯約150ミリリットル）ほど飲みます。食前に飲むと効率がよく、糖質が多い食事では飲む量を多めにしましょう。

サラシノールには腸内環境を整える働きもあります。そのため、とりはじめた初期には、おなかがゆるくなり、おならが多く出ます。それは、腸内環境が変化して効いているうれしい証拠なのです。つらい場合には、いったん飲む量を減らして、体が慣れたら通常量にしてください。血糖値が気になる人は、ぜひ試してみるといいでしょう。

第3章

次にエネルギー消費を促す代謝アップと運動、体脂肪の蓄積を抑える血糖コントロールが重要

摂取したカロリーをエネルギーに換える「代謝」。低代謝の「朝」はエネルギー消費を底上げする絶好機

■消費されるエネルギーの割合は基礎代謝が最も多い

代謝とは、食事で摂取した糖質や脂質などのカロリーをエネルギーに換える働きのことをいいます。代謝には、3つの種類があります。体を動かすときに使われる「**身体活動代謝**（**身体活動熱産生**）」、食べ物の消化に使われる「**食事誘発性熱産生**」、そして内臓を動かして生命を維持するための「**基礎代謝**」です。このうち消費エネルギー量が最も多いのが基礎代謝で、全消費エネルギーの60～70％を占めます。

基礎代謝は、起床直後はまだ低い状態です。そこからだんだんと基礎代謝量が増えていき、昼過ぎにピークを迎えて、その後は徐々に減っていきます。

この**朝の基礎代謝が低い時間帯が、実はやせるチャンス**。このときに軽い運動をして身体活動量を増やしておくと、基礎代謝も刺激されて1日の代謝量が増加すると考えられます。つまり、代謝の底上げができるのです。その差はわずかですが、この小

1日に消費されるエネルギーの割合

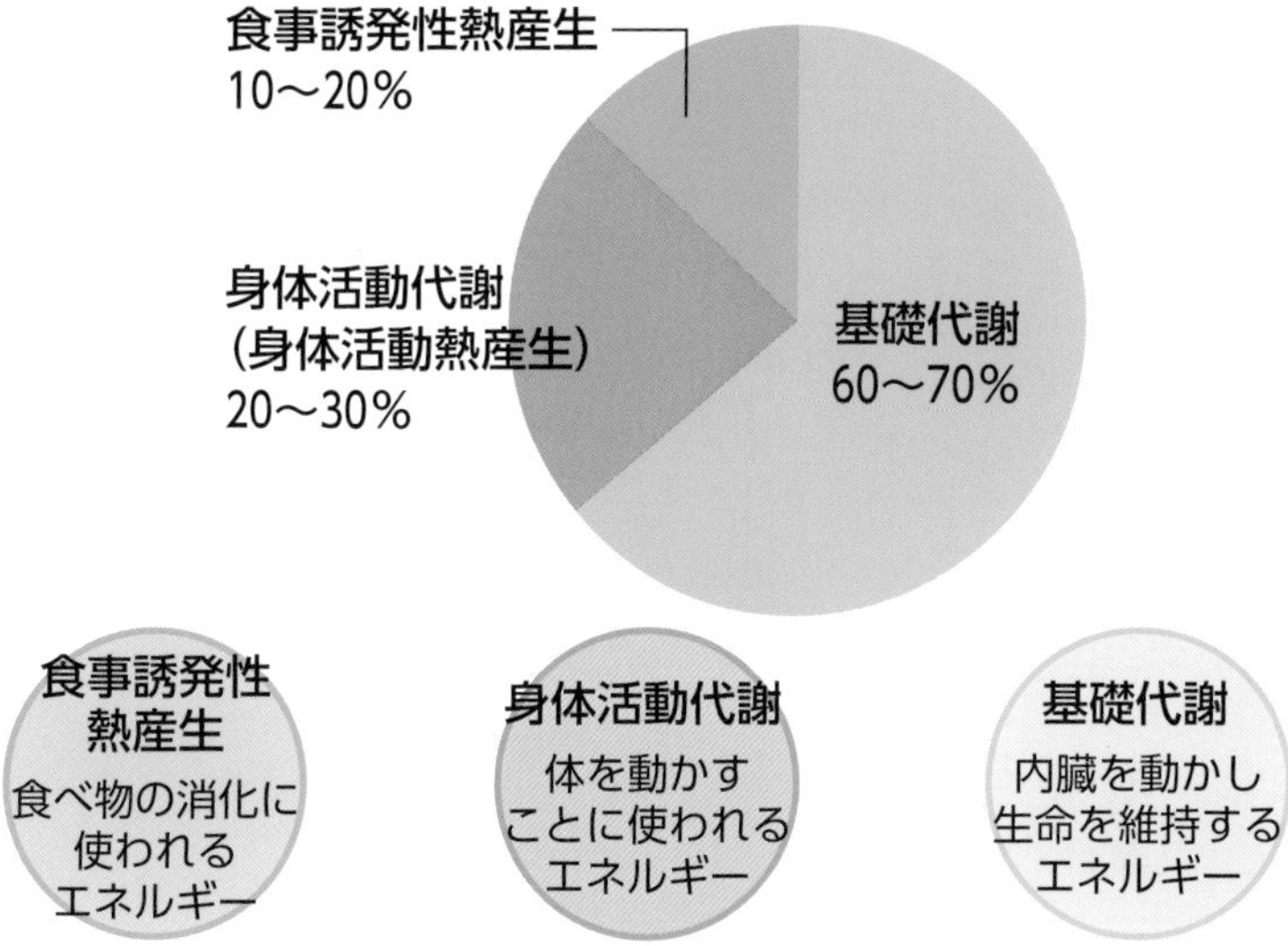
食事誘発性熱産生
10〜20%
身体活動代謝
（身体活動熱産生）
20〜30%
基礎代謝
60〜70%
食事誘発性熱産生
食べ物の消化に使われるエネルギー
身体活動代謝
体を動かすことに使われるエネルギー
基礎代謝
内臓を動かし生命を維持するエネルギー

さな増加を積み重ねることが、エネルギーを消費しやすくして、体脂肪がたまりにくい体質をつくることにつながるのです。

よく、基礎代謝を増やすには、筋肉量を増やすのが重要といわれます。確かにその通りなのですが、筋肉を1キロ増やすには実は大変な労力と根気が必要です。しかも、筋肉が1キロ増えたとしても、1日の基礎代謝はわずか50キロカロリー程度（リンゴ4分の1個分）しか増えません。

そこで、代謝が低い朝に基礎代謝を底上げしておけば、その後もエネルギー消費が高い状態を保つことにつながります。それを毎日くり返すと、まさに「塵《ちり》も積もれば山となる」で、エネルギー消費が高い状態を保ち、やせやすく、体脂肪がつきにくい体に近づくことができるでしょう。

朝は新習慣「肩甲骨1分体操」「水飲み」「しっかり朝食」で代謝を底上げし体脂肪の燃焼を促進

■朝は「やせるスイッチ」をオンにするチャンス

朝からしっかり代謝を上げて、やせやすい体質になる具体的な方法を紹介しましょう。まず、朝起きたら、肩甲骨《けんこうこつ》周辺を動かす体操をやってみましょう。両腕を前後に振ったり、広げたり、回したりするだけです。各20回程度、時間にして1分でできる**「肩甲骨1分体操」**（10ページ参照）。この体操を行うことで、代謝のスイッチをオンにして、代謝を底上げすることにつながります。

肩甲骨1分体操には、体脂肪の燃焼を助ける褐色《かっしょく》脂肪細胞を活性化するというメリットもあります。褐色脂肪細胞は肩甲骨周辺に集中しており、腕を大きく動かして褐色脂肪細胞を活性化すると、わずかに代謝が上がります。この積み重ねでやせやすい体質に変わっていく効果が期待できるのです。

さらに、**朝起きたらコップに軽く1杯（150ミリリットル程度）の水を飲む**のもいいでしょょ

肩甲骨周辺には、体脂肪の燃焼を助ける褐色脂肪細胞が集中している。両腕を大きく動かすことで、肩甲骨周辺の褐色脂肪細胞が刺激されればやせやすくなる期待大（10ページ参照）。

う。就寝中に失われた水分を補給するのと同時に、胃腸を刺激して腸の動きを活性化し、排泄《はいせつ》を促して便秘を防いでくれます。

便秘が、肥満の原因になることもあります。便が腸内に長く留まっていると、腸内に悪玉菌が増殖しやすくなり、胃腸の働きが鈍くなって基礎代謝が低下することもあるからです。便秘の予防は太りにくい体質づくりには不可欠なのです。

そして、朝食はしっかりと食べてください。88ページで「食事誘発性熱産生」について説明したように、食べ物の約10～20％程度のカロリーは、食事を消化するためのエネルギーとして消費されます。朝食をとると、この代謝が始まり、その刺激で基礎代謝も活性化されます。つまり、朝食をとることもまた代謝の底上げにつながるのです。

朝食の量が少なくて、昼食が中くらい、そして夕食をたくさん食べるという人が多くいますが、**朝はたくさん食べ、昼は中くらい、夜は控えめにするのがやせる体づくりのポイント**です。

食後の運動は血糖値の上昇を抑え、インスリンの過剰分泌が減るので体脂肪の蓄積を防止

■食後30分を過ぎたら5分でも10分でも体を動かして血糖値を下げる

食事をすると血糖値が上がり、インスリンというホルモンが分泌《ぶんぴつ》されます（46ジペー参照）。血液中の糖は、インスリンの働きで筋肉細胞に運び込まれてエネルギーとして使われ、とりすぎて余った糖は過剰に分泌されたインスリンの働きで脂肪細胞に体脂肪としてため込まれます。つまり、太るわけです。

こうした体脂肪の蓄積を防ぐため、**食後30分～1時間の間に、ウォーキングなどの軽い運動**で体を動かしてみてください。**5分でも10分でもいい**ので、体を動かすことが大切です。この時間帯に運動をすると、糖が脂肪細胞に体脂肪として送り込まれる前に運動エネルギーとして消費され、体脂肪として蓄積されにくくなります。ただし、食後30分以内の運動はさけること。食事の直後は消化のために胃に血液が集まっているので、運動をすると胃の血流が不足して、消化不良を起こしやすいからです。

※注意：心疾患などで医師から運動を制限されている方は、医師に相談のうえ有酸素運動や筋トレを行うようにしてください。

超速足でのウォーキングはおなかの脂肪を減らす特効運動！　最大心拍数の60～80％のペースで歩こう

■こま切れでもいいので、合計1日30分程度を目標に歩く

ウォーキングのような有酸素運動には、善玉（ＨＤＬ）コレステロールを増やして悪玉（ＬＤＬ）コレステロールと中性脂肪を減らしたり、血圧・血糖値を低下させたりする効果が期待できます。ただし、普通の速度で歩いていても、運動強度が低く、ダイエット効果はあまり期待できません。やせるには、**ふだんよりも速足で行う必要があります。最大心拍数の60～80％のペースを目安**にするといいでしょう（後述）。

通勤時や移動時に、**1日に合計で30分程度、超速足で歩く**ことができれば理想的です。まとめて30分でなく、**こま切れ**でもかまいません。かつて、「有酸素運動は20分以上連続して行う必要がある」とされていましたが、その後の研究で、こま切れに行っても同様の効果があることが報告されています。熱中症に気をつけ、水分をこまめに補給しながら行ってください。

ダイエットが目的なら最大心拍数の 60 ～ 80%で運動

●最大心拍数の求め方

最大心拍数（回 / 分）＝ 220 －年齢
例：50 歳の場合、220 － 50 ＝ 170（回 / 分）

●ダイエットのために運動をするときの心拍数の目安

最大心拍数（回 / 分）× 60 ～ 80%
例：50 歳の場合、目標心拍数は 102 ～ 136 回 / 分
（170 × 60 ～ 80%）

■肥満の解消が目的なら、最大心拍数の60～80%が目安

最大心拍数とは、血液を送り出すのに心臓が拍動する回数の最大値のことで、「220」から年齢を引いて算出します。運動強度（運動時の負荷やきつさ）を表す数値の一つであり、**ダイエットが目的なら、最大心拍数の60～80%を目安に運動**すると効果的とされます。

例えば、50歳の人なら最大心拍数は170回なので、運動時の目標心拍数は、102～136回です（上の図参照）。

心拍数は、運動中に時計を見ながら手首の脈を10秒間計り、それを6倍すれば求めることができます。

現在では心拍数だけでなく、歩数や消費カロリーまで測定できるタイプの時計もあります。スマートフォンのアプリと連動して、目標値を設定したり、記録を残したりすることもできます。速足でのウォーキング時の適切な心拍数の目安になるので、そういった機器を利用するのもいいでしょう。

雨天や猛暑で屋外を歩けないときは「もも上げ足ぶみ」をやればよく、目標は1日300歩

■悪天候の日でも、室内で運動を行って脂肪燃焼を促す

ウォーキングなど屋外で行う有酸素運動は、雨天や猛暑、積雪や強風など、天候のせいでできない日が生じます。「今日は悪天候だからウォーキングはやめておこう」と思ったときには、**室内運動**がおすすめです。例えば、**「もも上げ足ぶみ」**を行って、運動量をキープしてください。もも上げ足ぶみを行う回数としては、1セット100回を目安として、1日3セットを目標にしましょう。

運動は長時間続けたほうが、体脂肪を燃やす効果が高いように思えますが、実は、必ずしもそうではないのです。強度が強い運動であれば、時間が短くても運動を終えたあとも消費カロリーが高い状態が2〜4時間続きます。これを**「EPOC《エポック》（運動後過剰酸素消費量）」**といい、つまり、無理して長時間の有酸素運動を行わなくても、強度を上げた短めの運動を複数回に分けて行っても体脂肪が燃焼するのです。

もも上げ足ぶみのやり方

代謝を高める運動

体操の目的　背すじを伸ばしてまっすぐに立った姿勢で、片方ずつひざを上げる。できるだけ高くひざを上げるのがポイント。おなかの脂肪の燃焼を促す。

肩の高さで両腕を重ねる
右足を上げる

❶ 背すじを伸ばしてまっすぐに立ち、両腕のひじを曲げて肩の高さで重ねる。右ひざがひじに当たるくらいまでできるだけ高く上げる。

顔は前に向ける
左足を上げる

❷ 左のひざも同様にできるだけ高く上げる。

❶～❷を行うのを
2歩として
100歩行うのを
1セットとする。
▼
1日3セットを
目安に行う。

これはNG

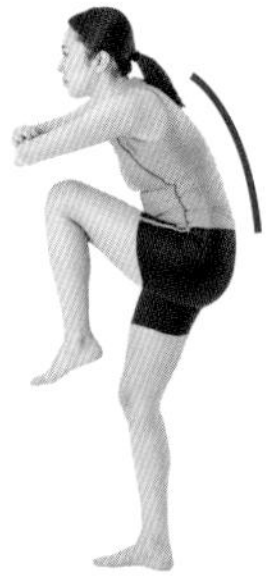

ネコ背になったり腰が丸まったりしないように注意する。

第4章

筋トレはまずはこれだけでＯＫ！
お尻・太ももの大型筋肉を
増やしておなかの脂肪を
高効率で減らす
入魂スクワット

おなかの脂肪減らしには下半身の筋トレが最重要で、鍛える筋肉に意識と力を込める「入魂筋トレ」なら高効率

■動作に「溜め」を作ると筋トレ効果がアップする

おなかの脂肪を効率よく落とすには、エネルギー消費量が多い大型の筋肉を動かすことが重要です。人間の体の中で大型の筋肉が集中しているのが、お尻《しり》から下肢《かし》にかけてで、体全体の筋肉のおよそ6～7割を占めています。つまり、下半身をよく動かす有酸素運動や筋トレが有効なのです。

そこで、この章からは、体脂肪を燃やす効果に特に優れた筋トレ「入魂筋トレ」のやり方を紹介していきましょう。「入魂」とつくのは、通常の筋トレに「アイソメトリックス（等尺性収縮）」の要素を付加して効果を高めているからです。

筋肉を動かさない状態で力を入れる（筋収縮させる）ことをアイソメトリックス・トレーニングといいます。筋肉を最大に収縮させた状態を数秒キープする、もしくは筋肉を最大に伸展させた状態を数秒キープすることで、筋肉にさらなる負荷を加える方

お尻から下肢にかけての筋肉

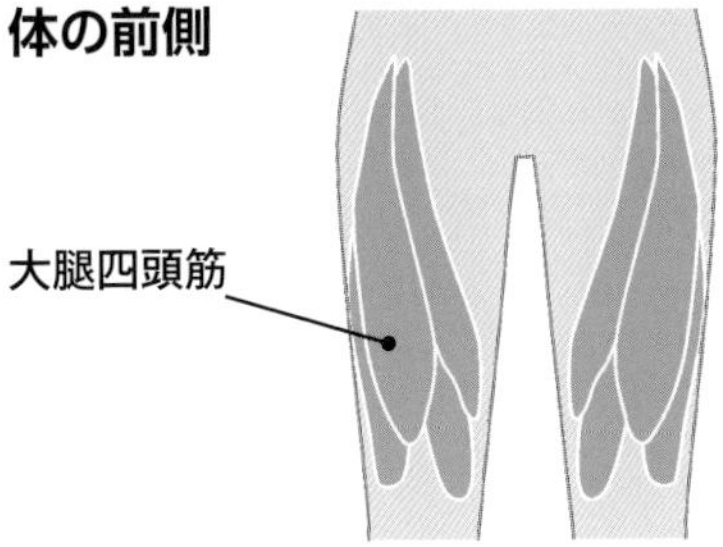
体の前側
大腿四頭筋

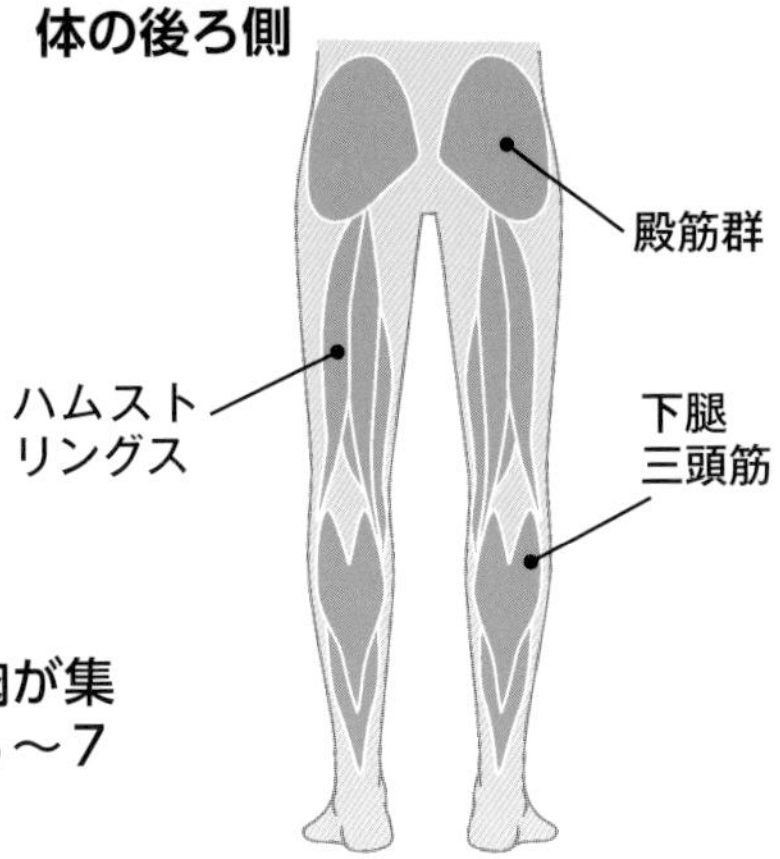
体の後ろ側
殿筋群
ハムストリングス
下腿三頭筋

お尻から下肢にかけては大きな筋肉が集中しており、体全体の筋肉量の約6～7割を占める。

法です。

入魂筋トレでは、この理論を応用し、筋トレの動作の途中で「溜《た》め」を作って筋肉に意識と力（＝魂）を込めることで、筋トレの効果をさらに高めていくのです。

入魂筋トレには2種類あります。

❶筋肉を最大収縮させてその状態で意識と力を込める「力こぶ入魂」タイプ

❷筋肉を最大伸展させてその状態で意識と力を込める「ストレッチ入魂」タイプ

❶では、筋肉が硬くなり、ギュッと力こぶができている状態を意識してください。❷では、筋肉が伸びた状態を意識して、姿勢をキープします。いずれも入魂のさいに呼吸を止めないことがポイントです。一部に入魂ポイントがない方法もありますが、筋肉量を効率よく増やして、体脂肪を燃やすのに役立つ方法なので、試してみてください。

※注意：心疾患などで医師から運動を制限されている方は、医師に相談のうえ有酸素運動や筋トレを行うようにしてください。

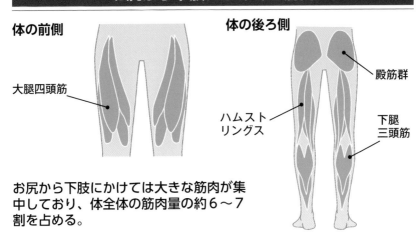

おなかの脂肪を減らす最強の筋トレは、太ももとお尻の大型筋肉を最大限に使う「入魂スクワット」

■まずは、大型の筋肉を鍛えて、体脂肪を効率よく燃やす

おなじみの「スクワット」は、筋トレの基本中の基本。直立した状態からお尻《しり》を後方に引きながらしゃがみ込んでは立ち上がることで、殿筋群から太もも前面の大腿《だいたい》四頭筋、裏面のハムストリングス、ふくらはぎの下腿《かたい》三頭筋など、下半身全体の筋肉を一挙に鍛えることができます。ジムなどではバーベルを担いだり、マシンを使ったりしてスクワットしているのを見かけますが、自宅で自分の体重（自重）だけで行っても十分な筋トレの効果が得られます。

ところで、おなかの脂肪を減らすために、腹筋運動を頑張ろうと考える人が後を絶ちません。実は、腹筋は誰でも割れているのです。しかし、太っていると腹筋の上に脂肪の厚いベールをかぶっているので、割れた腹筋が見えないのです。その厚い脂肪のベールを燃やすためには、消費されるエネルギーが非常に多い下半身の大きい筋肉

入魂スクワットで鍛えられる主な筋肉

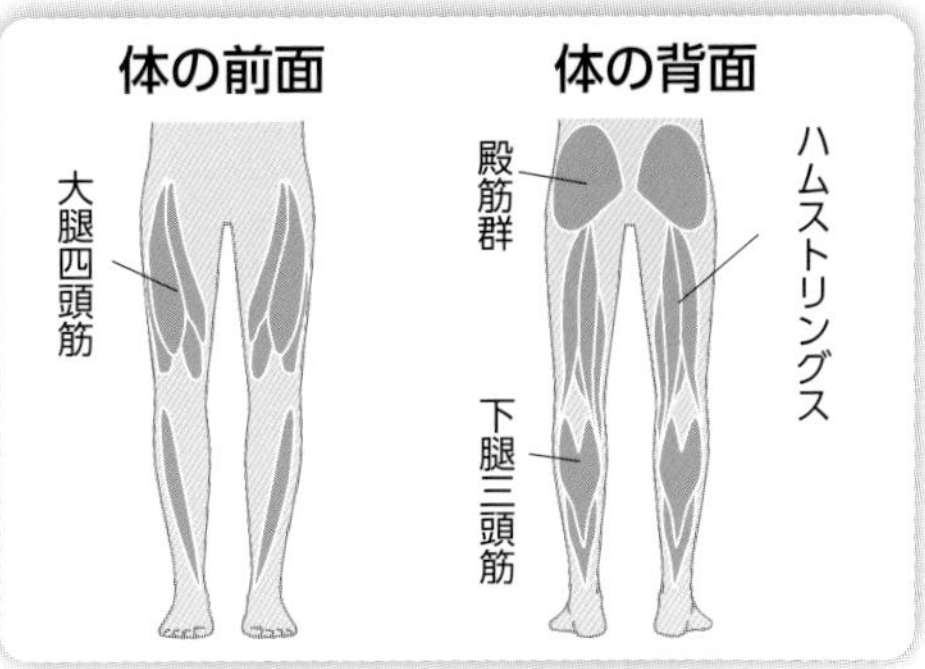

殿筋群、大腿四頭筋、ハムストリングス、下腿三頭筋など

筋トレの基本中の基本がスクワット。レベル別に3種類を紹介。

を動かして運動することが有効です。

また、スクワットを行うと、加齢による足腰の筋力低下が抑えられるとともに、移動機能の低下（ロコモティブシンドローム）や大腿骨の骨密度の低下も防げることがわかっています。

次㌻からは、私が提唱する「入魂スクワット」の具体的なやり方を紹介します。運動する人の体力に応じて、❶初級の「**入魂テーブルスクワット**」、❷中級の「**入魂ノーマルスクワット**」、❸上級の「**ジャンピングスクワット**」の3段階があります。体力に自信がない人は❶から始め、徐々に❷、❸へとレベルアップしていってください。また、運動のやり方とともに、動作に溜《た》めを作り、筋肉にギュッと意識と力を込めて負荷を高める「入魂ポイント」も解説しています。それにより、下半身の筋肉を一段と効率よく鍛えられます。

初級 入魂テーブルスクワット

入魂
スクワット
①

体操の目的　股関節を曲げて机に手とひじをついて体重をあずけ、お尻を下げては上げることで下半身の筋肉を鍛える。通常のスクワットより軽い負荷でらくに行うことができる。

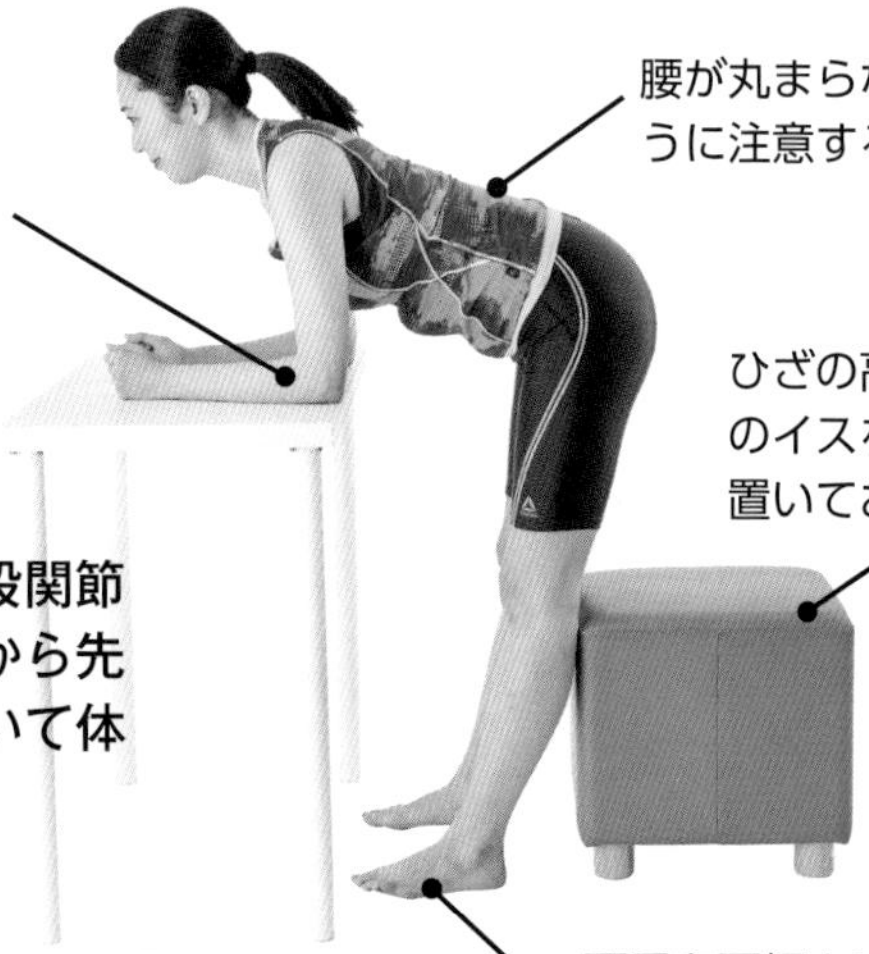

腰が丸まらないように注意する
ひじは直角に曲げる
ひざの高さくらいのイスを、後ろに置いておく
両足を肩幅よりやや広く開く

1 テーブルの前で股関節を曲げて、ひじから先をテーブルについて体重を支える。

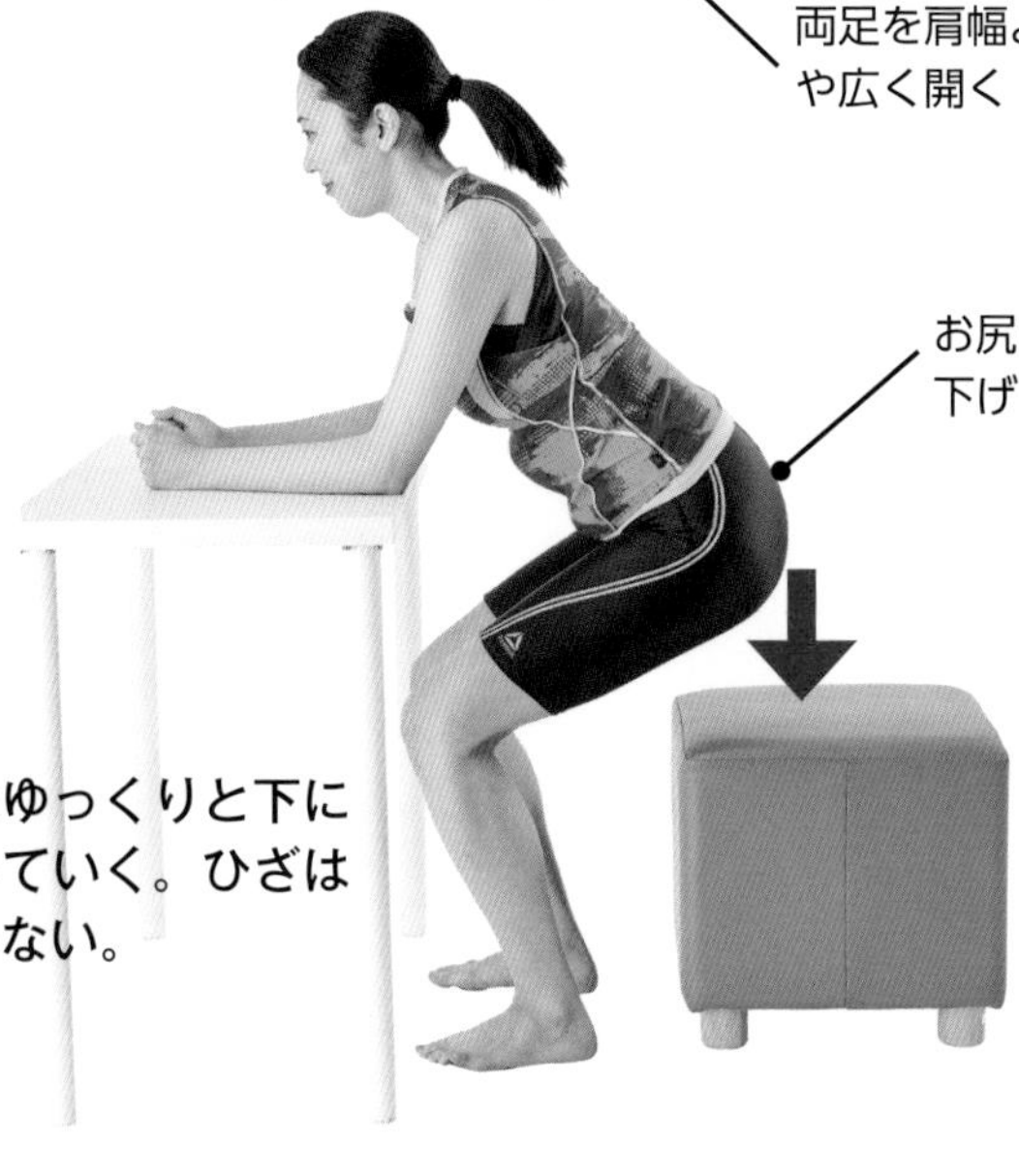

お尻をゆっくりと下げていく

2 お尻をゆっくりと下に下ろしていく。ひざは意識しない。

❸ できる範囲で、お尻を下に下ろしたら、❶の姿勢に戻る。立ち上がるときには、ひざは完全に伸ばし切らないほうが、強度が上がる。

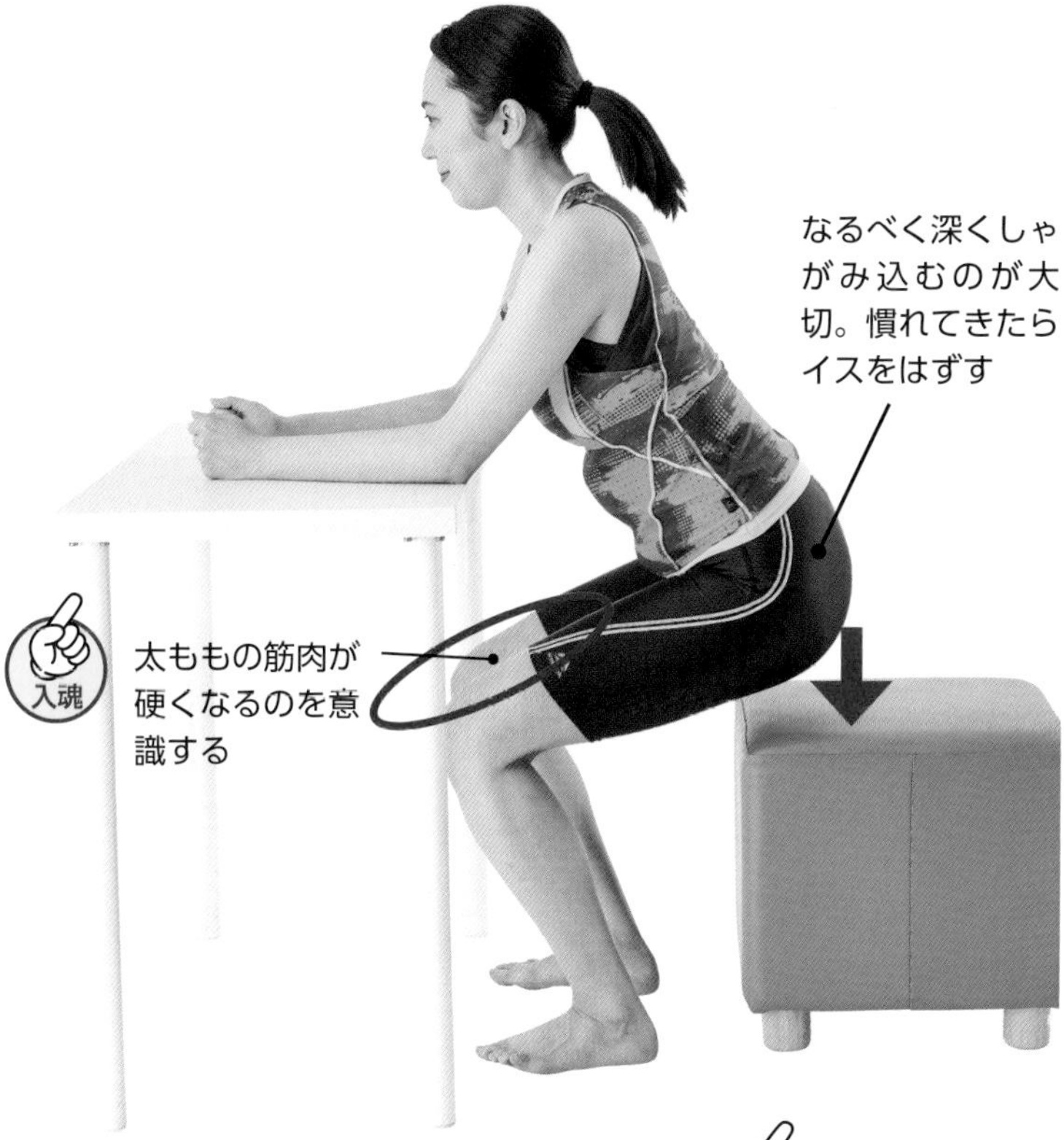
なるべく深くしゃがみ込むのが大切。慣れてきたらイスをはずす
入魂
太ももの筋肉が硬くなるのを意識する

初めは30～50回が目安。疲れて続けるのがいやになってから、さらに5～10回続けて（その間に脂肪が燃えて筋肉がつく）1セットとする。なかなか疲れてこないときは動作をゆっくり行う。

▼

1日**3～5**セットを
目安に週に5日行う。

入魂

ここが入魂ポイント！

❸でしゃがみ込んだときに、2～3秒静止して動作にギュッと「溜め」を作ると、筋トレの効果がさらに高まる。

中級 入魂ノーマルスクワット

入魂スクワット❷

体操の目的	直立した状態から股関節を曲げお尻を後ろに引く筋トレ。主に太もも前面の大腿四頭筋や、お尻の殿筋群など大型の筋肉を一挙に鍛えることができる。

❶ まっすぐに立ち、両腕を前に伸ばして手のひらを軽く重ねる。

肩の高さに上げる
両足を肩幅よりやや広く開いて立ち、爪先は外側に向ける

❷ 股関節を曲げて、お尻を後ろに引いていく。

ひざではなく、股関節から体を曲げることが肝心
重心が足の親指のつけ根にくるように意識しながらお尻を後ろに引いていく

❸ 太ももが床と平行になるまでお尻をゆっくり引いてしゃがみ、２～３秒溜めを作ったら❶の姿勢に戻る。

背すじを伸ばした姿勢をキープする
入魂
太ももに力こぶができることを意識
ひざが爪先より少し前に出てもＯＫ

入魂 ここが入魂ポイント！

大腿四頭筋
殿筋群

❸の動作のときに大腿四頭筋にギュッと力を込めて「溜め」を作り、筋肉が硬くなっているのを意識しながら２～３秒静止する。

初めは30～50回が目安。疲れて続けるのがいやになってから、さらに５～10回続けて（その間に脂肪が燃えて筋肉がつく）１セットとする。なかなか疲れてこないときは動作をゆっくり行う。

▼

1日**3～5**セットを目安に週に5日行う。

スクワットはポーズを間違えると効果薄で、お尻を後ろに引いてしゃがむのが重要

正しいスクワットをマスターする練習法

❶ひざの裏あたりにイスの座面を当てる。
❷股関節を曲げ、イスに座るときのようにお尻を後ろに引いていくと自然とひざが曲がり、お尻も下がっていく。実際のスクワットはイスをはずしてこの姿勢で行う。

■ひざの位置よりも「股関節から曲げる」が肝心

スクワットではよく、「ひざを爪先よりも前に出さない」「重心はかかと」といわれます。しかし、これは間違い。**股《こ》関節を曲げてお尻《しり》を後ろに引いてしゃがんでいくのが正解**で、この動作ならひざを傷めることもなく、効率的に脚の筋肉が鍛えられます。また、かかと重心ではなく、**足の親指のつけ根に体重を乗せる**ことが肝心です。うまくできないときは、イスに座る要領で股関節を曲げてお尻を引き下げる動作をマスターしてください（上の図参照）。感覚がつかめたらイスなしで行ってください。

上級 ジャンピングスクワット

入魂スクワット❸

体操の目的	スクワットにジャンプの動作を追加することで、下半身の筋肉全体に大きな負荷がかかるため、筋肉増強効果が極めて大きくなる。

❶ 両足を肩幅に開いて立ち、爪先は外側に向ける。両腕を後ろから前に振り子のように振りながら、一歩前にジャンプして深くしゃがみ込む（A→B→Cの順）。

ジャンプの高さは気にしなくていい
B
A
両腕を前に振る反動を利用して、一歩前に跳ぶ
両腕を後ろに振る
C
両手は胸の前で合わせる
できるだけ深くしゃがみ込む
爪先から着地する

❷ 深くしゃがみ込んだら、両腕を振る反動を利用して後方のもとの位置にジャンプして戻る（A→B→Cの順）。こうして、前方にジャンプして深くしゃがむ→後方に軽くジャンプしてもとの位置に戻るをくり返す。

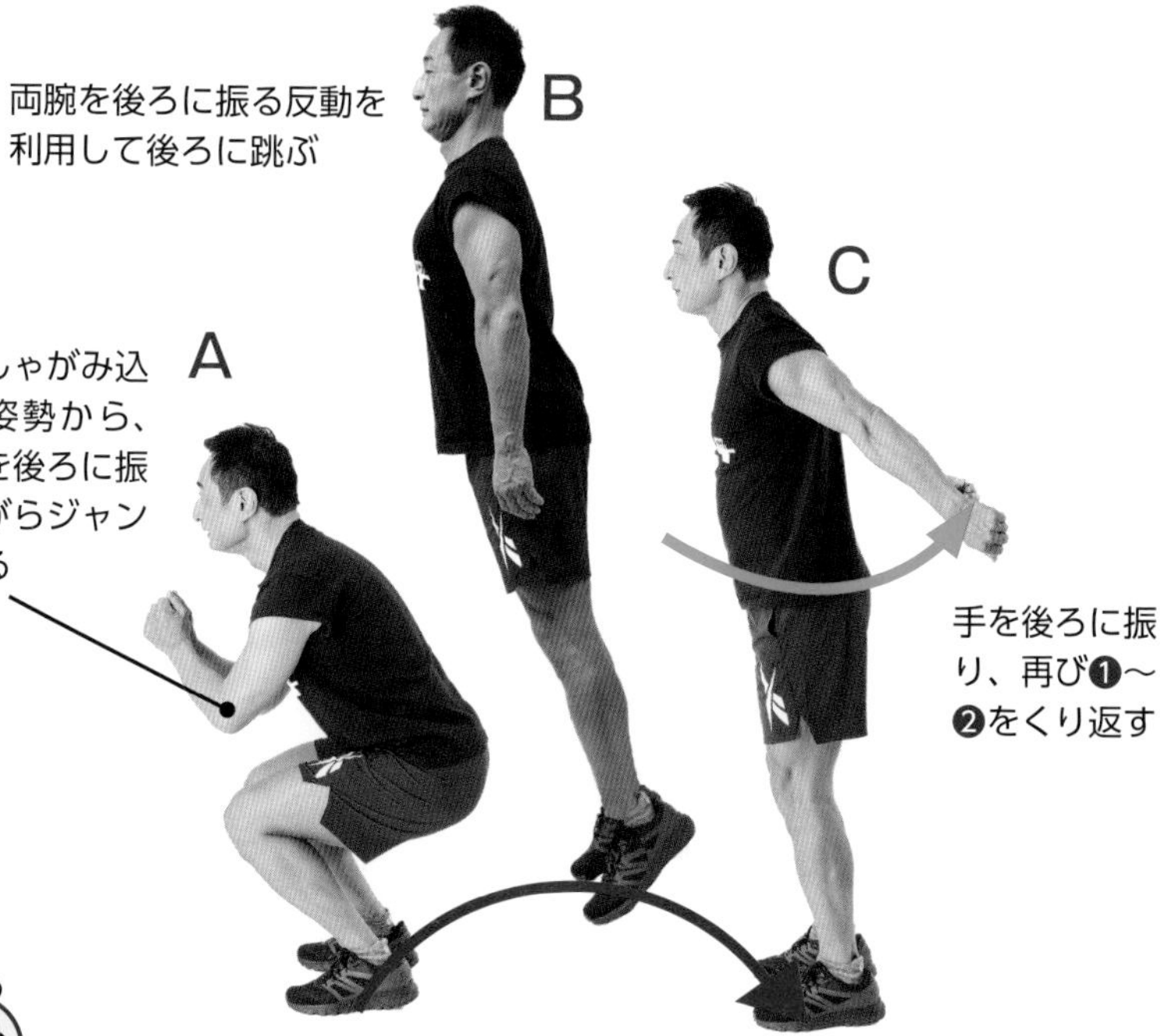
両腕を後ろに振る反動を利用して後ろに跳ぶ
B
C
A
深くしゃがみ込んだ姿勢から、両腕を後ろに振りながらジャンプする
手を後ろに振り、再び❶〜❷をくり返す

ここがポイント！

前方へジャンプしたら深くしゃがむ。大きく腕を振り、反動を利用すること

一歩前方にジャンプして深くしゃがむ→後方に軽くジャンプしてもとの姿勢（❶）に戻るのをくり返す。腕を振る反動を利用して、リズムよく行うことが大切。

初めは30〜50回が目安。疲れて続けるのがいやになってから、さらに5〜10回続けて（その間に脂肪が燃えて筋肉がつく）1セットとする。

▼

1日**2〜3**セットを目安に週に5日行う。

※転倒しないように十分に注意して行うこと。
※最初は前後に移動せず、その場でジャンプするようにして、慣れてきたら前後にジャンプするやり方でもいい。

加えて前方や横に足を踏み出して腰を落とす「入魂ランジ」も行えば、筋肉がバランスよく増え効果大

■ヒップアップとポッコリおなかの解消にも効果あり

入魂スクワットと同様に下半身の大きな筋肉を一挙に鍛えることができる筋トレが**「入魂ランジ」**です。

ランジとは、足を開いて片方の足に体重を乗せる運動の総称で、前に足を踏み出す「入魂フロントランジ」（111ページ参照）や、横に踏み出す「入魂サイドランジ」（113ページ参照）があります。

入魂スクワットでも入魂ランジでも、鍛えられるのは主にお尻《しり》の筋肉である殿筋群、太ももの筋肉である大腿《だいたい》四頭筋とハムストリングスなどです。

あえて違いをあげれば、お尻を下げるスクワットと、片方の足に体重移動をするランジでは重心の位置が異なるので、スクワットでは太ももの筋肉を鍛える効果が高く、**ランジではお尻の筋肉がより鍛えられるのでヒップアップの効果が高い**とされて

入魂ランジで
鍛えられる主な筋肉

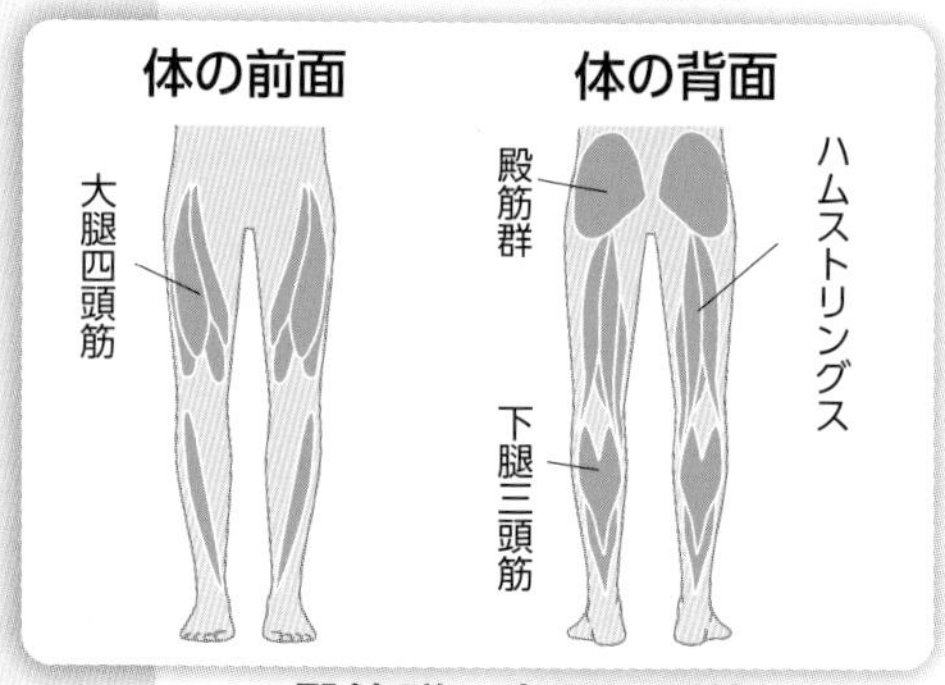

殿筋群、大腿四頭筋、
ハムストリングス、下腿三頭筋
など

ヒップアップとおなかやせに
入魂ランジが効果大

います。

また、ぜい肉でたるんだおなかの引き締めにも入魂ランジはおすすめです。というのも、足を踏み出すさいに、体の軸がグラつくのを防ぐために体幹（胴体のおなかまわり）の筋肉が自然と使われるからです。

入魂ランジを行うさいは、下腹に力を入れて、体の軸をキープすることを意識してください。下腹やわき腹がしだいに引き締まってくるのが実感できるはずです。

入魂ランジはフロントとサイドの2つとも行うことを基本にしてください。そうすれば代謝が上がって消費エネルギーが増えるとともに、ヒップアップとおなかの引き締めの一石三鳥の効果が期待できます。

入魂フロントランジ

入魂ランジ ❶

体操の目的　足を前に踏み出し、股関節を曲げて腰を落とすことで、太ももやお尻、ふくらはぎなどの下半身の筋肉を強化する。体のバランスが要求されるため、体幹も鍛えられる。

❶ まっすぐに立ち、腰に手を当てる。

❷ 左足を大きく前に出し、かかとから着地。股関節とひざを曲げて腰を落とす。太ももが床と平行になるまで腰を落とす。

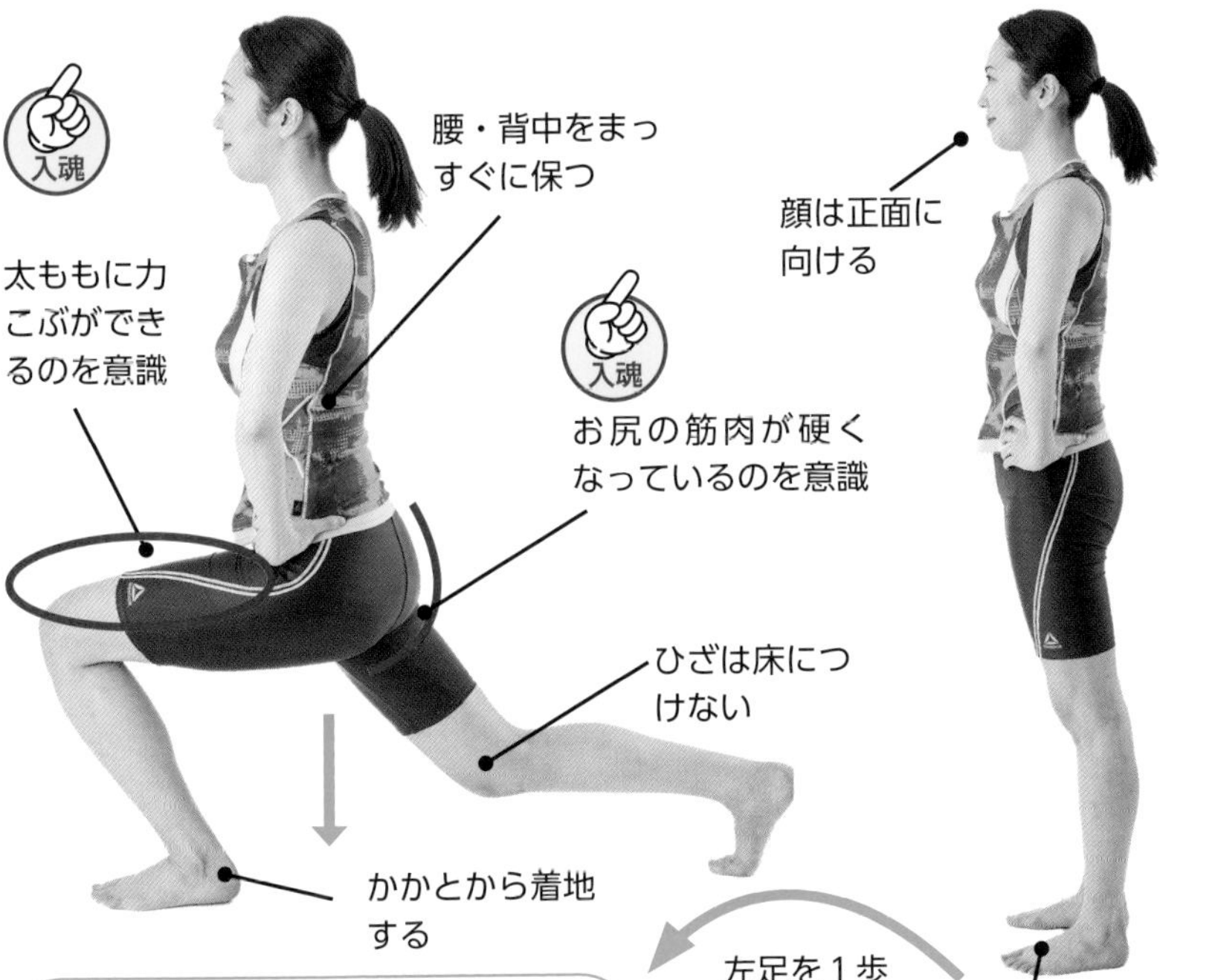

顔は正面に向ける
両足を肩幅に開いて立つ
左足を1歩前に出す
入魂
腰・背中をまっすぐに保つ
太ももに力こぶができるのを意識
入魂
お尻の筋肉が硬くなっているのを意識
ひざは床につけない
かかとから着地する

これは NG

ネコ背や腰が丸まった姿勢は NG。背すじを伸ばした姿勢を保つ。

3 左足を蹴ってもとの位置に戻る。

左足を蹴るようにして、足をもとの位置に戻す

4 今度は、右足を１歩前に出し、かかとから着地。股関節とひざを曲げて腰を落としたら❶の姿勢に戻る。

十分に腰を落としたら、右足を蹴るようにして、足をもとの位置に戻す。

ここが入魂ポイント！

十分に腰を落とした位置で２～３秒静止してギュッと「溜め」を作り、太ももとお尻の筋肉を意識する。

左右交互に30～50回が目安。疲れて続けるのがいやになってから、さらに５～10回続けて（その間に脂肪が燃えて筋肉がつく）１セットとする。なかなか疲れてこないときは動作をゆっくり行う。

▼

1日**3～5**セットを目安に週に5日行う。

さらに効果アップ！

足を踏み出したときに上体を前傾させると、お尻の筋肉への負荷が増して、筋トレ効果も高くなる。

入魂
サイドランジ

入魂
ランジ
②

体操の目的　足を横方向に踏み出し、股関節を曲げ、腰を落とすことで、下半身の筋肉を強化。体のバランスが必要で、体幹も同時に鍛えられる。ここでは斜め横に踏み出す方法を紹介。

❶ 両足を肩幅に開いてまっすぐに立つ。両手は体のわきに自然に下ろす。

顔は正面に向ける

❷ 右足を１歩斜め横に踏み出す。かかとから着地し、腰を落とす。太ももが床と平行になるまで腰を落とす。

入魂
太ももに力こぶができるのを意識
腰を落とす
かかとから着地する

（横から見たところ）

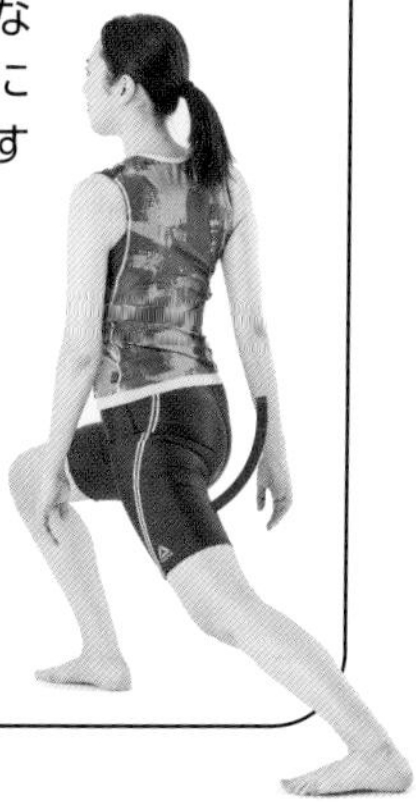
真横ではなく、斜め横に足を踏み出す
入魂
お尻の筋肉が硬くなっているのを意識

❸ 右足を蹴るようにして足をもとの位置に戻す。

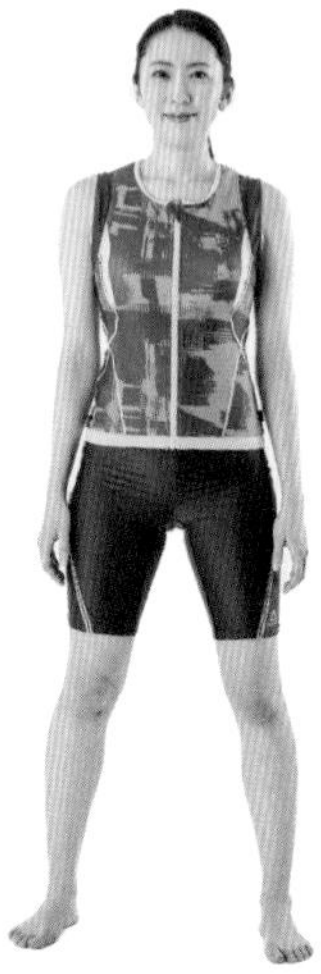

❹ 左足を１歩斜め横に踏み出す。かかとから着地し、腰を落としたら❶の姿勢に戻る。

入魂

ここが入魂ポイント！

十分に腰を落とした位置で２～３秒静止してギュッと「溜め」を作り、太ももとお尻の筋肉を意識する。

太ももに力こぶができるのを意識
腰を落とす
かかとから着地する

左右交互に30～50回が目安。疲れて続けるのがいやになってから、さらに５～10回続けて（その間に脂肪が燃えて筋肉がつく）１セットとする。なかなか疲れてこないときは動作をゆっくり行う。

▼

1日**3～5**セットを目安に週に5日行う。

（横から見たところ）

入魂

お尻の筋肉が硬くなっているのを意識

左足を斜め横に踏み出す

第5章

メタボ腹・3段腹を攻略！
腹筋群を大きく動かしてくびれ復活！
おなかに効く簡単筋トレは
この厳選4種

なかなかへこまない頑固な下腹のたるみを解消してくびれ復活！「おなかに効く簡単筋トレ」

■布団の上でおなかの筋肉が鍛えられる

おなかの深部にある腹横筋や、わき腹の輪郭を作る腹斜筋は、胃腸などの内臓を正しい位置に保つ役割を果たしています。ところが、これらの筋肉が運動不足などで衰えると、下腹がぽっこりと出てきて、ウエストもたるんでしまいます。腹横筋や腹斜筋は、上体を起こすよくある腹筋運動では解消しません。おなかの表面にある腹直筋の上部のみを鍛える腹筋運動では、下腹には効かないのです。

そこでおすすめなのが、息を吐きながらヘソを中心におなかをへこませていく「ドローイン」と呼ばれる運動です。動きとしては地味ですが、腹横筋や腹斜筋をまんべんなく刺激できます。下腹のたるみを解消し、ウエストのくびれを復活させる筋トレとして、朝晩に布団の上で行うのを習慣にしてください。

ドローインで
鍛えられる主な筋肉

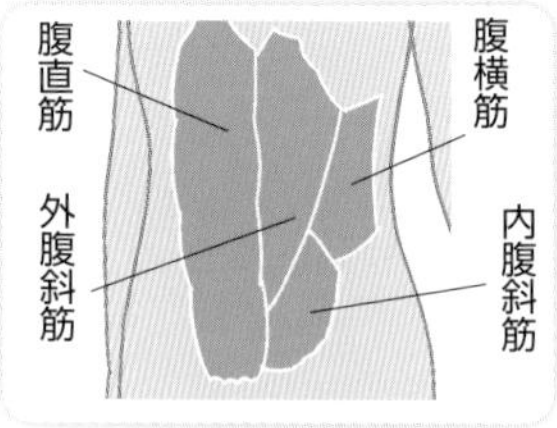

腹斜筋・腹横筋・腹直筋

寝たまま ドローイン

おなかに効く筋トレ❶

体操の目的 両ひざを立ててあおむけに寝る。その姿勢から息を吐いておなかをへこませた状態をキープすることで、主に腹横筋を鍛える。

❶ 両足を肩幅に開き、ひざを立ててあおむけに寝る(頭の下に、タオルをたたんだものや枕を置いてもいい)。腰と床の間に手を入れ、鼻から大きく息を吸い、最大限におなかをふくらます。

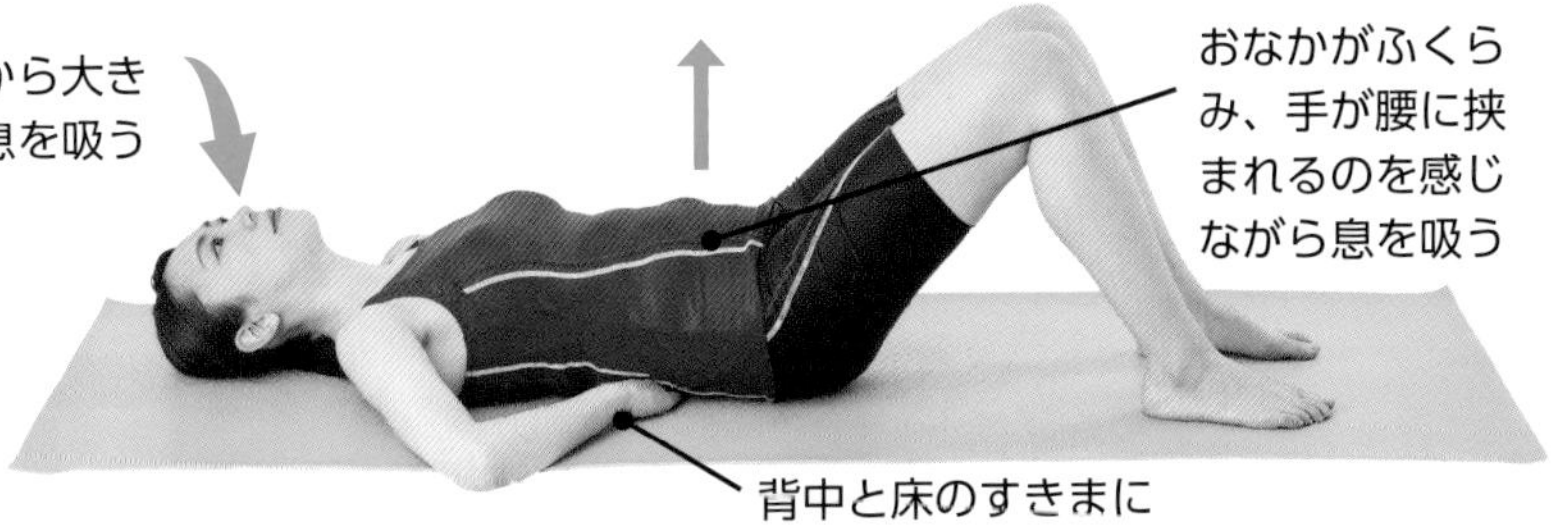

鼻から大きく息を吸う
おなかがふくらみ、手が腰に挟まれるのを感じながら息を吸う
背中と床のすきまに手を入れる

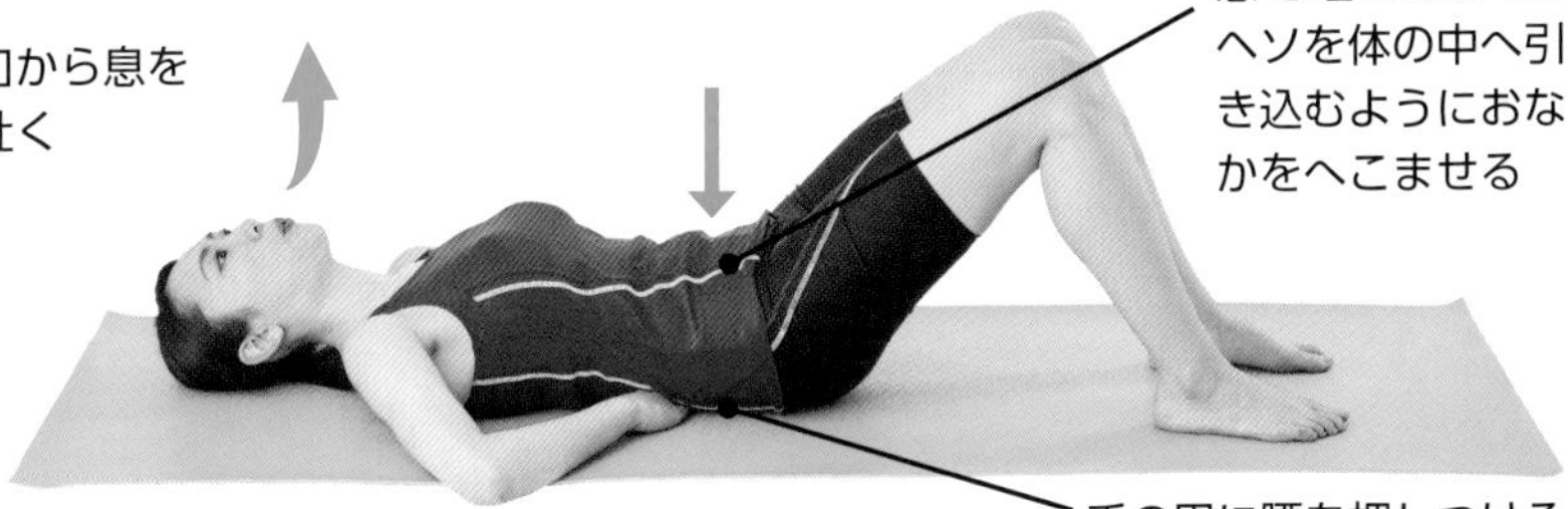

口から息を吐く
息を吐きながら、ヘソを体の中へ引き込むようにおなかをへこませる
手の甲に腰を押しつけるようにするのがコツ

❷ 今度は最大限に息を吐いて、おなかをへこませていく。息を吐き切っておなかをへこませた状態(腰も手に密着させたまま)をキープして、吸ったり吐いたりの浅い呼吸を30秒間くり返す。

❷の状態でおなかをへこませたまま30 秒間キープするのを 1セットとする。

▼

朝と夜に
1〜2セットを
目安に毎日行う。

座ったまま ドローイン

おなかに効く筋トレ❷

体操の目的	まずは、寝たままドローインをマスターする。そのうえでこの座ったままドローインができるようになると、どこにいても腹筋が鍛えられるようになる。

❶

イスに浅く腰かけ、背すじを伸ばして胸を張る。両手はわき腹に当てる。鼻から大きく息を吸い、最大限におなかをふくらます。

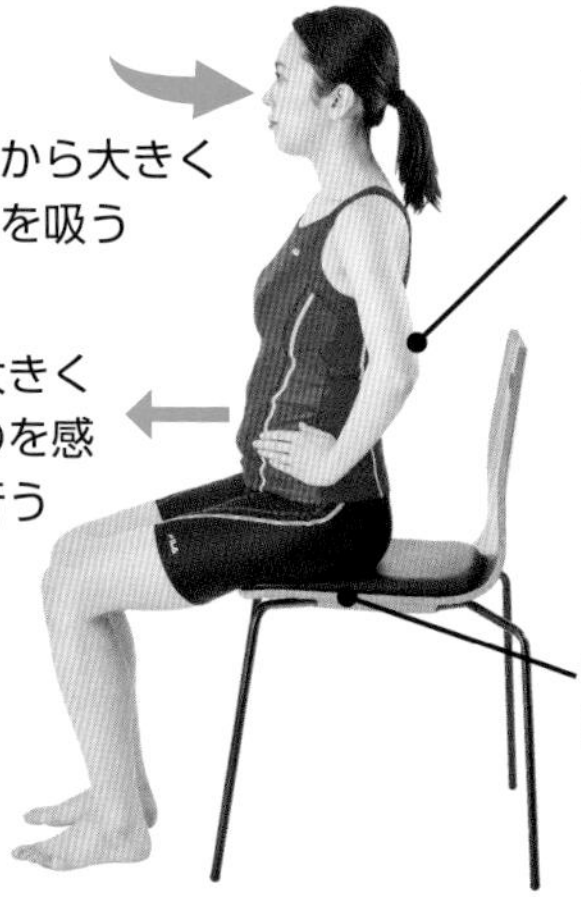

鼻から大きく息を吸う
背すじを伸ばして胸を張る
おなかが大きくふくらむのを感じながら行う
イスに浅く腰かける

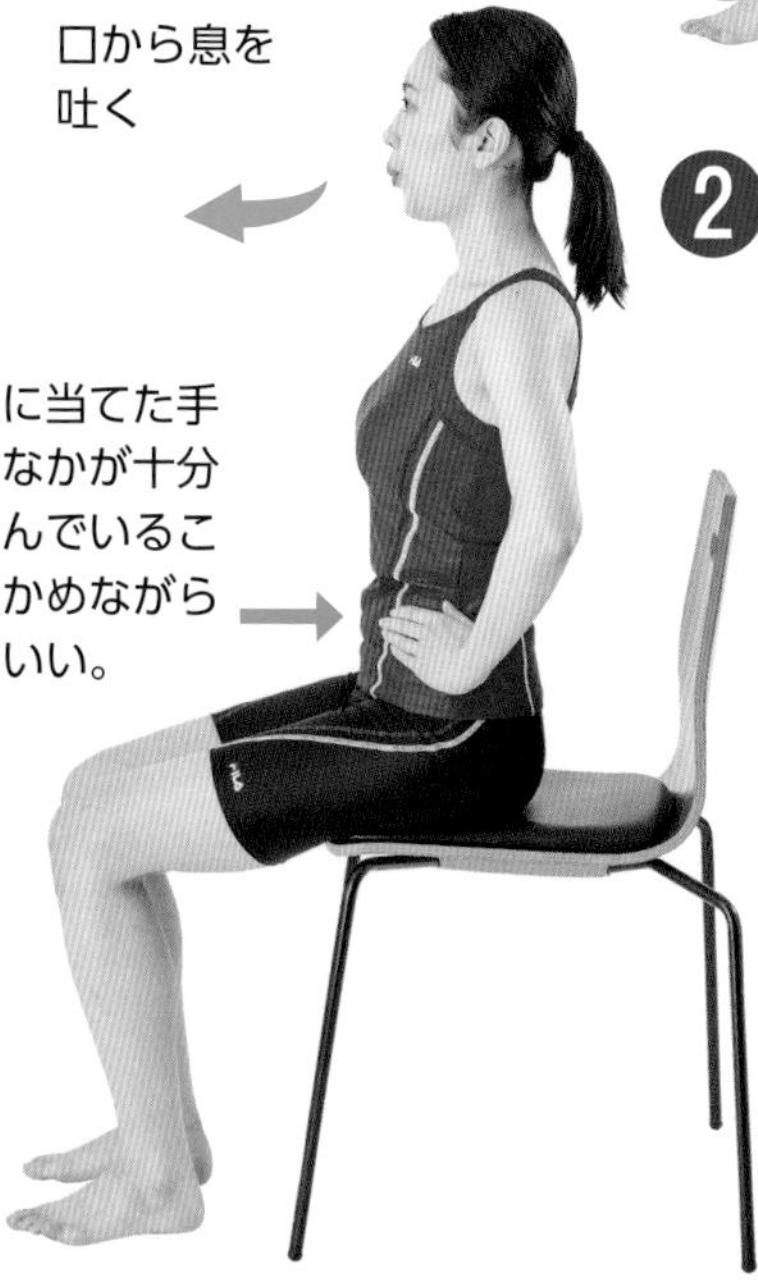

口から息を吐く
わき腹に当てた手で、おなかが十分にへこんでいることを確かめながら行うといい。

❷

最大限に息を吐いて、おなかをへこませていく。息を吐き切っておなかをへこませた状態をキープして、吸ったり吐いたりの浅い呼吸を30秒間くり返す。

❷の状態でおなかをへこませたまま30秒間キープする。

▼

毎日の通勤電車の中や、昼間、イスに腰かけたときに随時行う。

ポッコリおなかの原因は、意外にも「反り腰」にあることも多く、改善すれば下腹がすっきりスリム

骨盤が前傾した「反り腰」とは

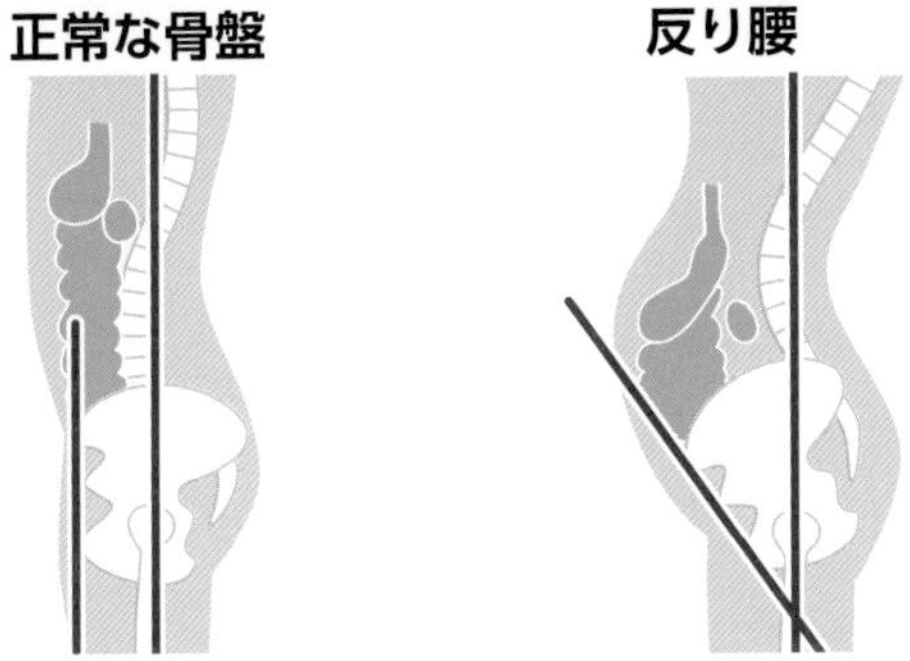

正常な骨盤は腰骨の出っぱりと恥骨を結んだ線が床に対して垂直。一方、骨盤が前傾して反り腰になると内臓が押し出されてポッコリおなかになりやすいが、腹部の筋トレで解消できる。

■簡単な筋トレを毎日続けることで改善できる

「反り腰」とは、骨盤が前傾して腰椎《ようつい》（背骨の腰の部分）の反りが強すぎる状態のこと。反り腰になると、骨盤まわりの内臓が押し出されて下腹だけ出てしまう「ポッコリおなか」になりがちです。背中やおなかの筋力が弱い人に多く見られます。

前述のドローインや次ページで紹介する**「入魂ヒップリフト」**などで腹部や殿部の筋肉を鍛えることにより、骨盤が前傾するクセを正すことができれば、それに伴ってポッコリおなかも改善していくでしょう。週5日の筋トレを続けていくことが大切です。

入魂ヒップリフト

おなかに効く筋トレ③

体操の目的	あおむけになり、ひざから肩までが一直線になるようにお尻を持ち上げることで、腰まわりの筋肉やお尻の筋肉を鍛える。ヒップアップや反り腰の解消に効果あり。

❶ あおむけに寝て両ひざを立てる。両手は体のわきに置く。

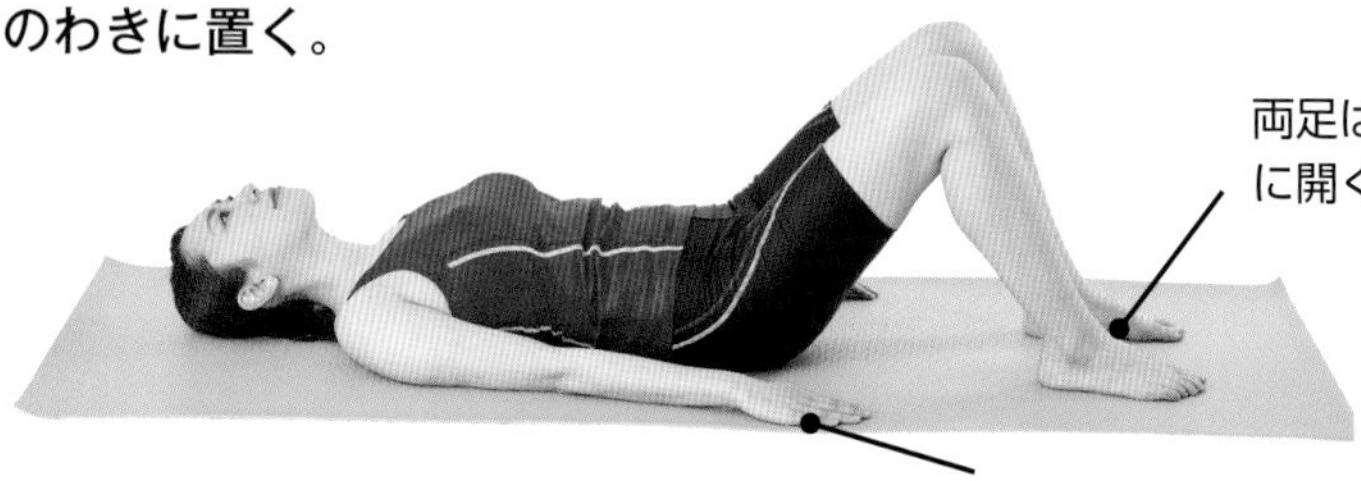

両足は肩幅に開く
両手は体のわきに置く

❷ ひざが直角になるようにお尻を持ち上げ、その姿勢を10秒キープする。

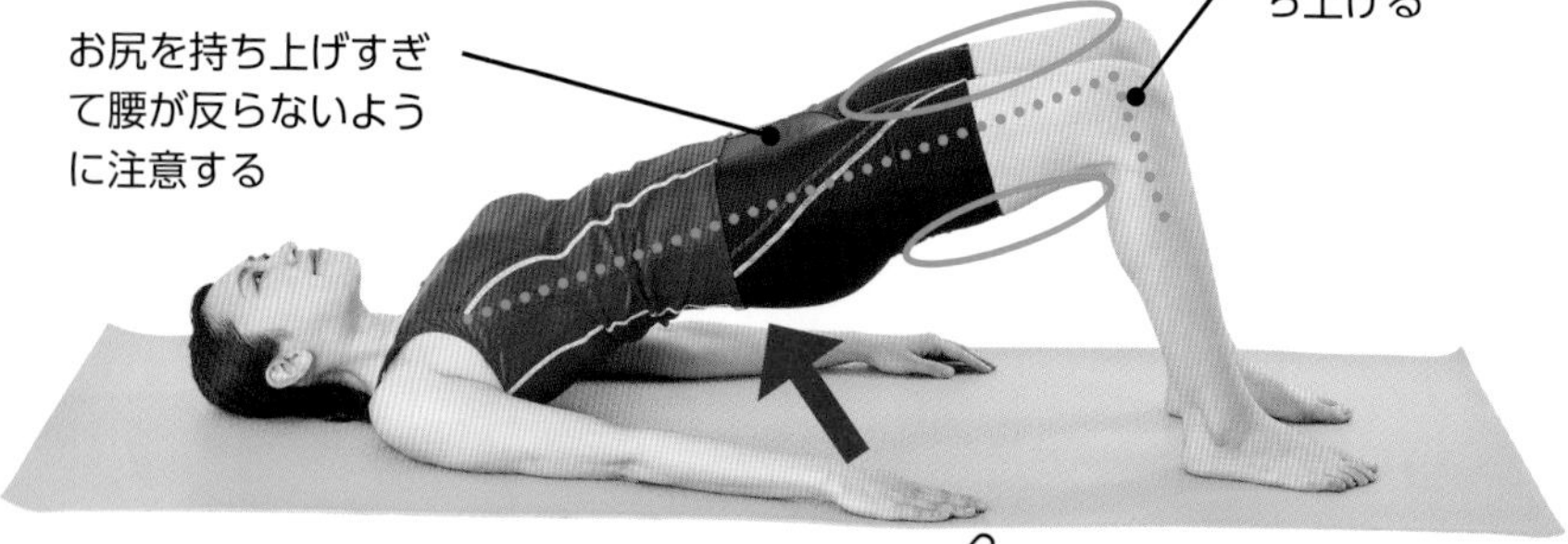

ひざが直角になるまでお尻を持ち上げる
お尻を持ち上げすぎて腰が反らないように注意する

初めは❶～❷を10回くり返すのが目安。疲れて続けるのがいやになってから、さらに2～3回行って（その間に脂肪が燃えて筋肉がつく）1セットとする。なかなか疲れてこないときは❷の時間を延ばす。

▼

布団の上などで朝晩1セットを目安に週に5日行う。

入魂 ここが入魂ポイント！

肩からひざまでが一直線になるようにお尻を持ち上げたら、その姿勢のまま10秒静止する。そのとき、肛門をギュッと締めるように力を入れると、お尻全体の筋肉に効く。

ウエストをキュッと絞りたいなら、ひねりを入れた運動が必須で、おすすめは「レッグツイスト」

■わき腹の筋肉を鍛えて、ウエストを引き締める

おなかの脂肪を落とすのはもちろんですが、ウエストを絞ってくびれを作りたいと願う人は多いでしょう。それには、腹部の左右のわきにある腹斜筋を鍛える「レッグツイスト」が有効です。

おなかの両わきには、皮膚に近いところに外腹斜筋、その内側に内腹斜筋という筋肉があります。主に体幹（胴体の筋肉）を左右にひねる動きをするときに使う筋肉です。日常生活で使われることが少ないため、脂肪がたまりやすい部位ともいえます。その対策としては、2つのわき腹の筋肉を積極的に動かすことにほかなりません。くびれのあるキュッと引き締まったウエストをめざして積極的に筋トレすれば、成果が現れやすい部位でもあります。

レッグツイストで鍛えられる主な筋肉

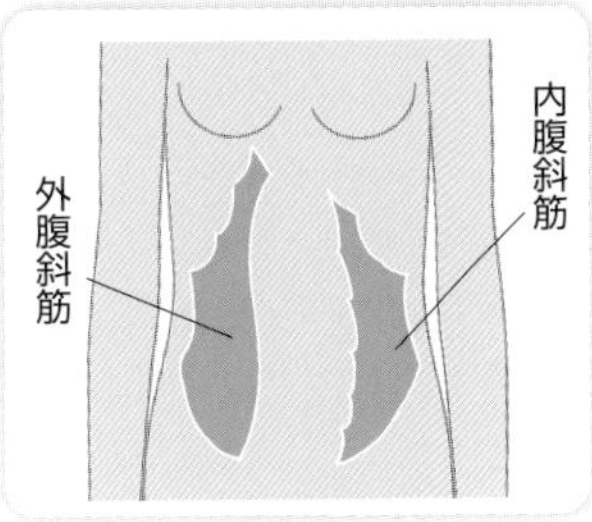

腹斜筋

レッグツイスト

おなかに効く筋トレ❹

体操の目的　あおむけになり、両足を持ち上げた状態で、左右に体をひねる運動。おなかのわきにある腹斜筋と腹横筋を刺激してウエストをキュッと引き締める効果がある。

❶ あおむけになり、ひざを直角に曲げて両足を上げる。両手は横に広げる。

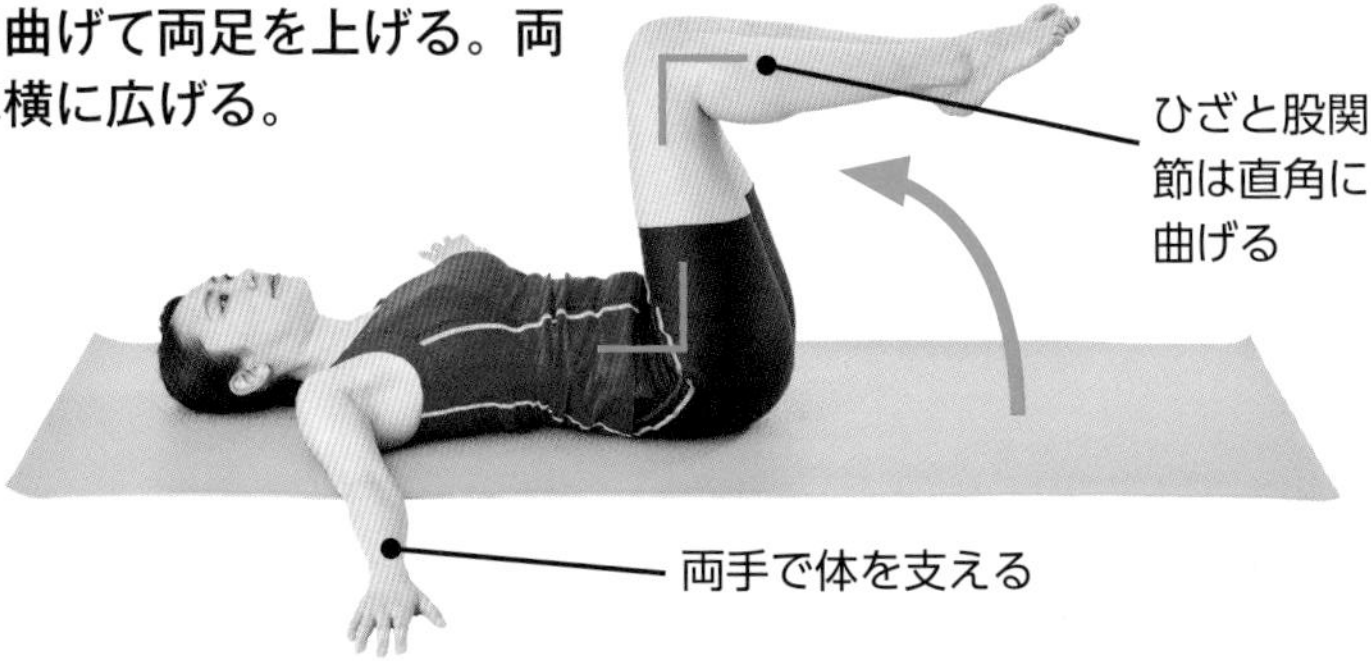
ひざと股関節は直角に曲げる
両手で体を支える

❷ ゆっくりと両足を右側に倒して腹部をひねり、❶の姿勢に戻り、今度は左側に両足を倒すのをくり返す。

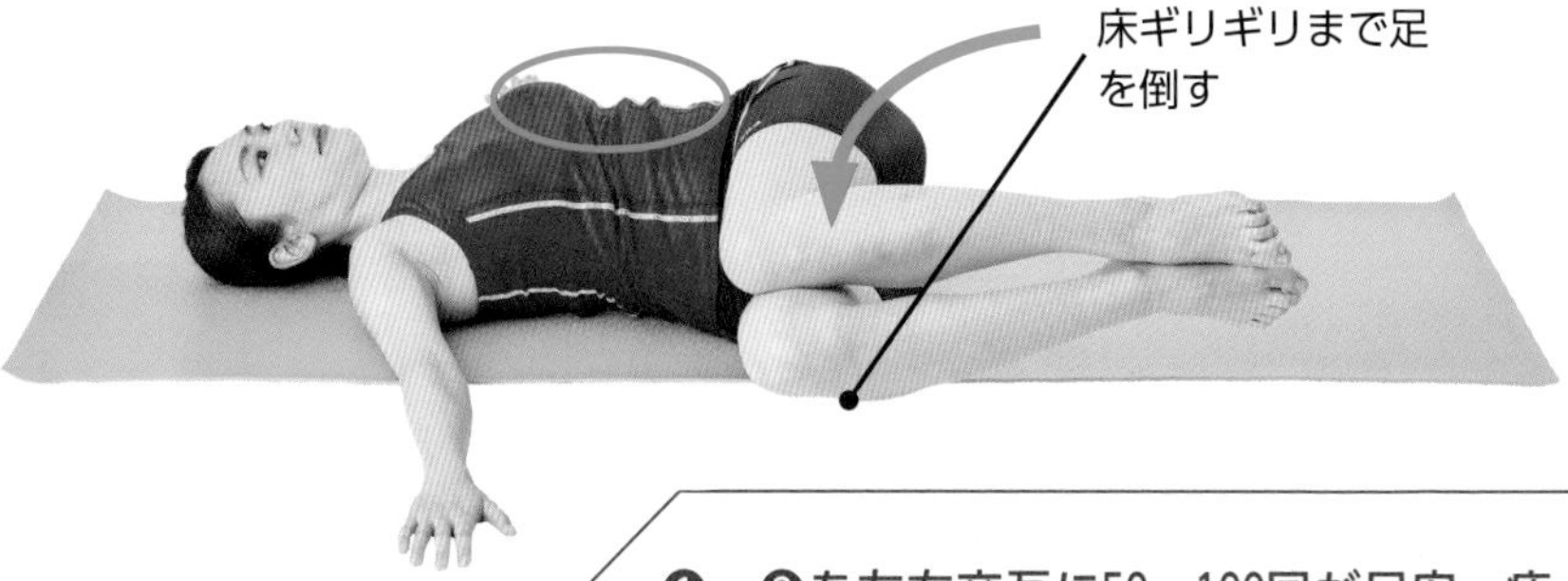
床ギリギリまで足を倒す

❶〜❷を左右交互に50〜100回が目安。疲れて続けるのがいやになってから、さらに5〜10回続けて（その間に脂肪が燃えて筋肉がつく）1セットとする。なかなか疲れてこないときは動作をゆっくり行う。

▼

1日1〜3セットを目安に週に5日行う。

第6章

「垂れ尻」「パンパン太もも」「むくみ足」「太い足首」を攻略！下半身のボディメイク術

たるんだお尻をキュッと持ち上げ、おなかも脚も引き締める「入魂プランクレッグレイズ」

■ヒップアップ、太もも・おなか引き締めの一石三鳥の効果

デスクワークなどで座りっぱなしの生活が続くと、お尻《しり》の筋肉がどんどん衰えて垂れ下がってしまいます。自分の後ろ姿を見る機会が少ないだけに、気づいたら、すっかり垂れ尻になっていた、という人も多いかもしれません。

そんな人におすすめの運動が**プランク**です。プランクとは、うつぶせになり、前腕と足の爪先で全身を支え、その姿勢を保つことで、体幹（胴体の筋肉）を鍛える運動のこと。特に、プランクの状態から片足を持ち上げる**「入魂プランクレッグレイズ」**を行えば、おなかの脂肪を減らす効果が高まるだけでなく、垂れ尻をキュッと持ち上げ、太ももやふくらはぎの引き締めにも役立ちます。

入魂プランク
レッグレイズで
鍛えられる主な筋肉

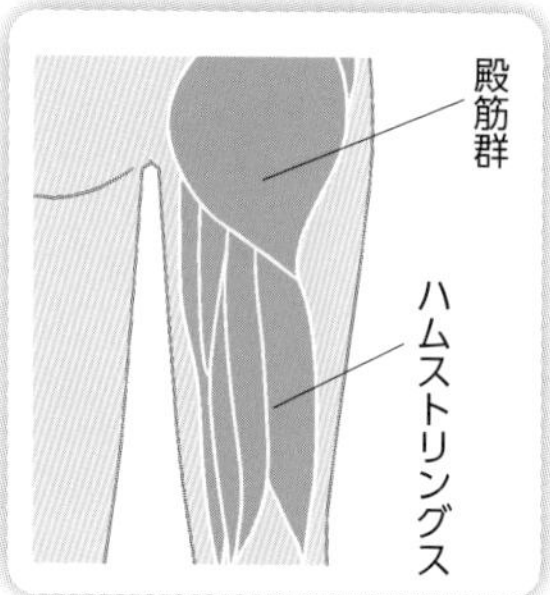

殿筋群・
ハムストリングス・
体幹（胴体の筋肉）

入魂プランクレッグレイズ

下半身のボディメイク術 ❶

体操の目的　体幹を鍛える運動「プランク」に脚を上げる動作を加えることで負荷を高め、お尻の筋肉（大殿筋・中殿筋・内転筋）やハムストリングスまでを効率的に鍛える。

❶ ひじを曲げて両腕を肩幅に広げる。爪先を立てて腰を持ち上げ、両腕と爪先で全身を支える。

体が一直線になるように意識する
ひじから先の両腕で体を支える
爪先を立てる

❷ ❶の姿勢のまま、左足を最大限に持ち上げて２秒静止する。❶の姿勢に戻り、今度は右足を持ち上げて２秒キープする。これを交互にくり返す。

入魂
左足を高く上げてブレずに２秒キープ

ここが入魂ポイント！

❷で足を上げたときに２秒静止してギュッと「溜め」を作り、お尻と太ももの筋肉が硬くなっているのを意識する。

初めは20～30回が目安。疲れて続けるのがいやになってから、さらに５～10回続けて（その間に脂肪が燃えて筋肉がつく）１セットとする。

▼

1日**1～3**セットを目安に週に5日行う。

いつものウォーキング中に下半身の強力筋トレ！お尻からふくらはぎまでを鍛える「パワーウォーク」

■筋肉の緊張状態を作り出すことで。下半身の筋肉をまんべんなく鍛える

ウォーキングはいつでも手軽にできる有酸素運動ですが、漠然と歩くだけではなかなか体脂肪は燃えてくれません。そこで、ここでは、さらに運動の負荷を高めて、下半身の筋肉を鍛える2種類の「**パワーウォーク**」を紹介しましょう。

1つめは、ふくらはぎの筋肉を鍛えるパワーウォークです。後ろ足でしっかり地面をとらえて歩くのがポイント。そのためには、後ろ足が地面を離れる瞬間に蹴《け》り上げるようなイメージを持つといいでしょう。

2つめは、下肢《かし》全体の筋肉を鍛える入魂パワーウォーク。ただ歩くだけとあなどるなかれ。見た目よりかなりハードで、より効率的にお尻《しり》から下肢の筋肉を鍛えます。特にお尻にしっかり効果が出るので、日常の歩行時に、ぜひ取り入れてください。

パワーウォークで鍛えられる主な筋肉

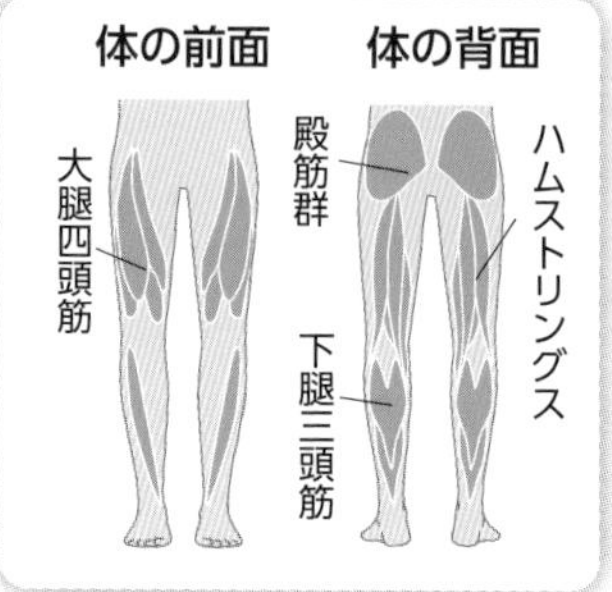
体の前面
体の背面
大腿四頭筋
殿筋群
ハムストリングス
下腿三頭筋

下肢とお尻の筋肉

ふくらはぎに効くパワーウォーク

下半身のボディメイク術❷

体操の目的　ウォーキングのとき、後ろ足が地面を離れる瞬間に、足先を強く蹴り出すように歩くことで、ふくらはぎの筋肉を鍛えることができる。

肩の力を抜き、両腕は自然に振る。後ろ足で地面を強く蹴り出しながら歩くと、ふくらはぎが効率的に鍛えられる。

❶
足を前に出すときはゆっくりとした動作で行う
❷
両腕は自然に振る
後ろ足で地面を強く蹴る

ふだんの歩行時に思い出したら行う。疲れて続けるのがいやになってから、さらに1～2分続けると（その間に脂肪が燃えて筋肉がつく）効果が増強する。

▼

毎日の歩行時にできる限り取り入れる。

ここがポイント！

ガッガッと後ろ足を強く蹴り出すのがポイント。犬がフンをした後、後ろ足で砂をかける動きをイメージしながら行うといい。

お尻に効く入魂パワーウォーク

下半身のボディメイク術③

体操の目的　歩行時に、後ろ足のひざ裏を伸ばすように力を入れることで、殿部を中心に下肢全体の筋肉を鍛えることができ、お尻を引き締める効果が高まる。

後ろ足が地面を離れる直前まで、ひざを曲げずに伸ばしたままにするようにして、ひざ裏に力を入れて歩く。お尻と脚の筋肉に強烈に力が入るので、お尻を引き締める効果が高まる。

ひざは張ってピンと伸ばしたまま

ここが入魂ポイント！
後ろ足が地面を離れる直前にお尻の筋肉が硬くなったタイミングで、お尻にギュッと力を込めてひざを伸ばす。

入魂ポイントの確かめ方

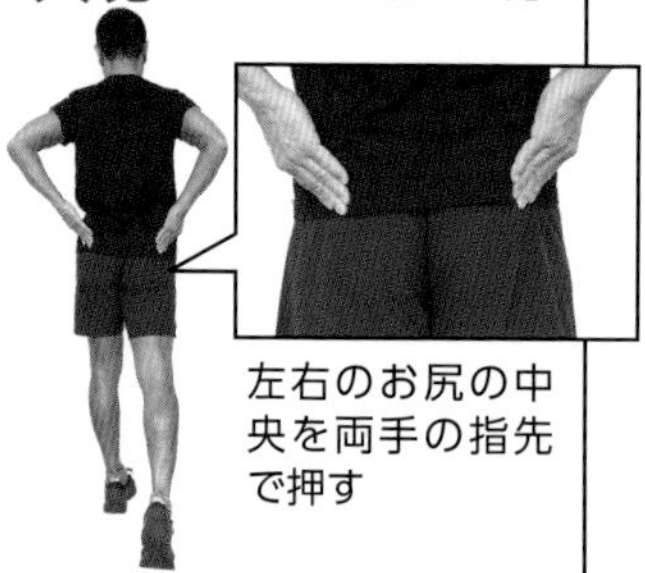

左右のお尻の中央を両手の指先で押す

初めは、左右のお尻の中央部分に手の指を当てて、お尻の筋肉の動きを確認しながら行うといい。慣れてくれば、お尻に手を当てなくても、最初から入魂パワーウォークができるようになる。

ふだんの歩行時に思い出したら行う。疲れて続けるのがいやになってから、さらに1～2分続けると（その間に脂肪が燃えて筋肉がつく）効果が増強する。

▼

毎日の歩行時にできる限り取り入れる。

お尻と太ももを鍛える「入魂スタティックランジ」とふくらはぎから足首に効く「入魂カーフレイズ」

■できるだけゆっくり行うことで、筋肉への負荷を高める

4章では一歩ずつ足を出して行う「入魂フロントランジ」と「入魂サイドランジ」を解説しましたが、ここでは、**足を前後に広げたまま、その場で腰を上下させる「入魂スタティックランジ」**を紹介します。常にどこかしらの下肢《かし》の筋肉が緊張した状態になるので、下肢全体の筋肉を効率的に刺激します。大殿筋から大腿《だいたい》四頭筋、ハムストリングス、下腿三頭筋など、下半身の筋肉をまんべんなく鍛えることができます。

「入魂カーフレイズ」は、ふくらはぎの下腿三頭筋を中心に鍛えることができます。いずれの運動も、できるだけゆっくりと行い入魂ポイントを意識することで筋肉への負荷が大きくなり、筋トレ効果が高まります。

入魂スタティックランジで鍛えられる主な筋肉

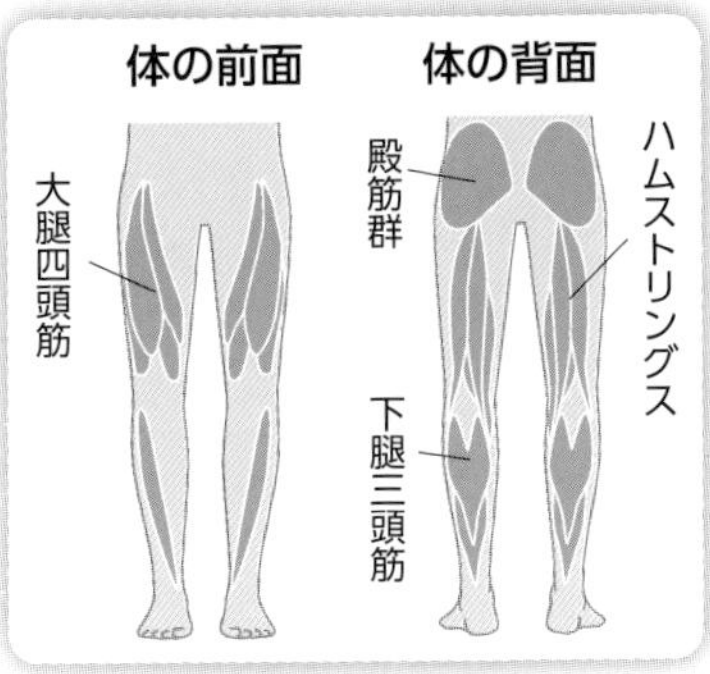

下半身全体の筋肉
(入魂カーフレイズは
下腿三頭筋)

入魂 スタティックランジ

下半身のボディメイク術④

体操の目的 両腕を前後に大きく振り、その場で腰の上げ下げをくり返す。お尻からふくらはぎまで、下半身全体の筋肉を一挙に鍛えることができる。

❶ 左足を一歩前に踏み出し、左腕を前に出す（スタート姿勢）。

❷ 左腕を後ろに引き、右腕を前に出しながら、右ひざを曲げて腰を落とす。今度は、右腕を後ろに引き、左腕を前に出しながら、右ひざを伸ばして腰を持ち上げ、❶の姿勢に戻る。この動作をくり返す。次に、右足を踏み出して反対側も同様に行う。

ひじを軽く曲げて左腕を前に出す
スタート姿勢

腕を大きく振る
入魂
太ももが床と平行になるまで腰を落とす
入魂
ひざは床につけないこと

ここが入魂ポイント！

十分に腰を落とした位置で２～３秒静止してギュッと「溜め」を作り、お尻と太ももの筋肉を意識する。

初めは、左足を前にして❶～❷を10～20回行い、足を入れ替えて（右足を前）同様に10～20回行う。疲れて続けるのがいやになってから、さらに各5～10回続けて（その間に脂肪が燃えて筋肉がつく）１セットとする。なかなか疲れてこないときは動作をゆっくり行う。

▼

1日**1～3**セットを目安に週に5日行う。

入魂 カーフレイズ

下半身のボディメイク術 ❺

体操の目的

段差でかかとを上げ下げする動作を行うことで、ふくらはぎの下腿三頭筋（腓腹筋・ヒラメ筋）を鍛える。引き締まった足首と、見た目のいいふくらはぎになれる。

❶ 台や階段などの段差がある場所で両足を少し開いて立ち、イスの背や壁、手すりなどを持って体を支える。

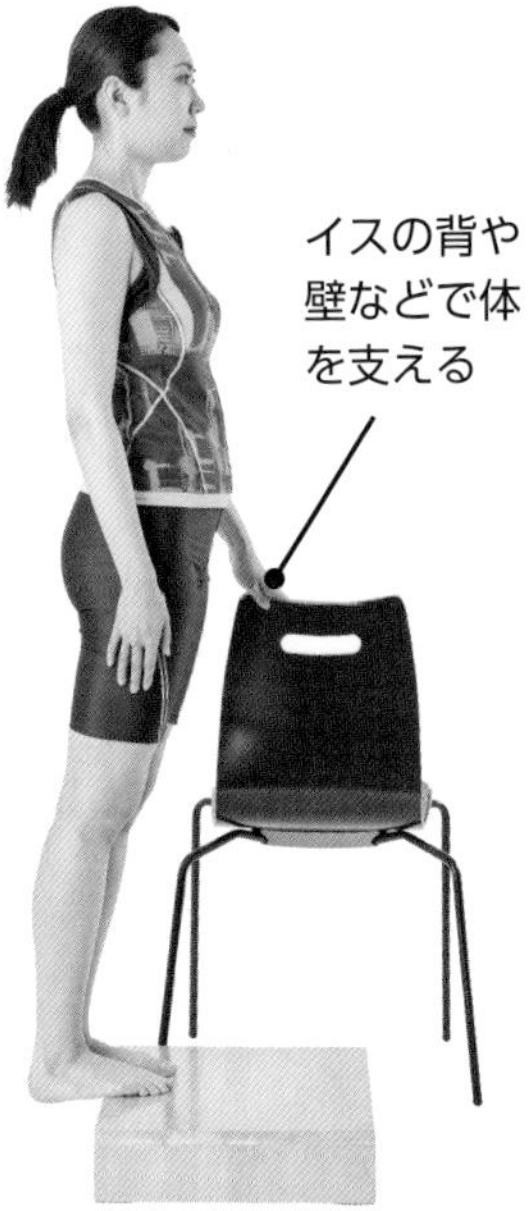
イスの背や
壁などで体
を支える

❷ かかとを上げて爪先立ちになったら３秒静止、次は、できるかぎりかかとを下げてふくらはぎを十分に伸ばして３秒静止。これをくり返す。

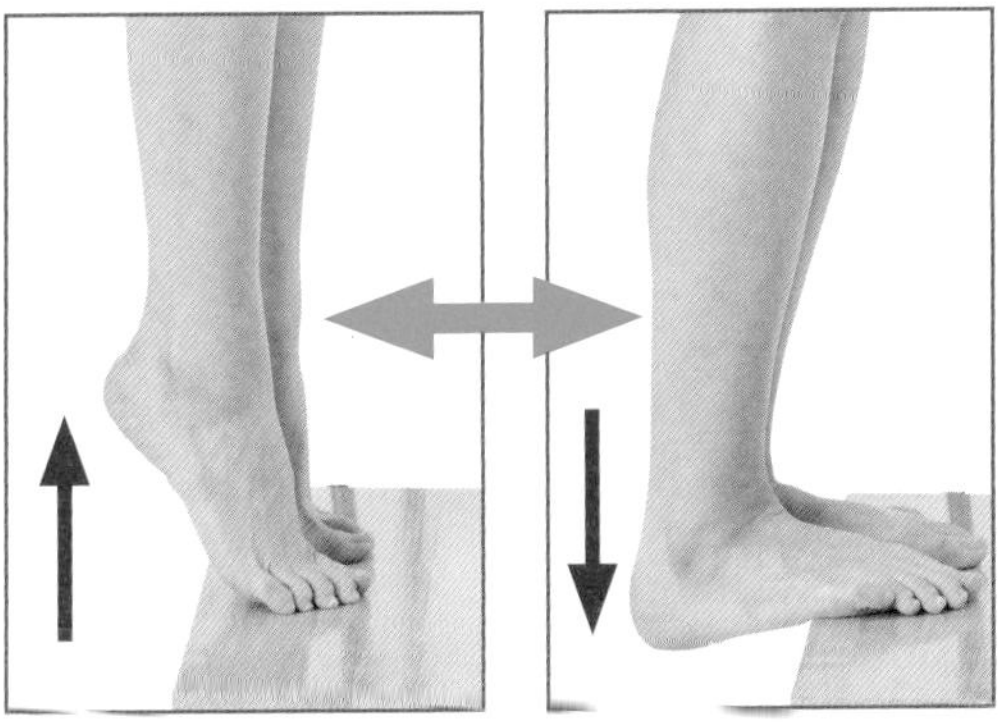

ここが入魂ポイント！

かかとを上げた位置と、下げた位置で３秒静止して「溜め」を作る。

初めは❷を20〜30回行うのが目安。疲れて続けるのがいやになってから、さらに５〜10回続けて（その間に脂肪が燃えて筋肉がつく）１セットとする。

▼

1日**1〜3**セットを目安に週に5日行う。

コラム 筋トレと有酸素運動を融合させた究極のダイエットエクササイズ「HIIT」が今、話題

■わずか4分のトレーニングだが、かなりきつい

近年、短時間で脂肪燃焼が期待できる運動として話題になっているのが、「高強度インターバルトレーニング（HIIT《ヒート》）」です。短時間でハードなトレーニングをくり返すもので、有酸素運動と同様に運動中に多くの酸素が必要で、心肺機能も向上します。

HIITのやり方の例をあげましょう。❶107㌻で紹介した「ジャンピングスクワット」を20秒間全速力で行い、10秒休みます。❷次に、136㌻の「プッシュアップ」を20秒間全速力で行い、10秒休みます（「入魂」は不要で、回数を多く行ってください）。❶～❷を４回くり返して１セットです。所要時間はわずか４分ですが、かなりきついトレーニングです。

ジャンピングスクワットやプッシュアップのほかに、「もも上げ足ぶみ」（96㌻）や「プランクレッグレイズ」（125㌻）、「スタティックランジ」（130㌻）もHIITに適した運動です。

ポイントは、「全速力で行う」ことで、途中で手を抜くと効果は半減してしまいます。最初は１セットから始めて、セットごとに行う運動の種目を変えて、３セットできるようになるのが目標です。時間を測ってくれるアプリもあるので、「HIITタイマー」などで検索してみてください。

第7章

あご・首・背中・肩・胸のたるみを引き締め立ち姿がきれいに！上半身のボディメイク術

胸の筋肉を鍛えるには「入魂プッシュアップ」が一番！
最初はひざをついて始めて、慣れたらレベルアップ

■上半身の美しいスタイルづくりのポイントは、男女ともに胸

　上半身を美しく見せたいときに、ポイントとなるのが**大胸筋**です。大胸筋を鍛えると、男性は胸板が分厚くなって逆三角形のたくましい体になり、女性はバストアップができるので、胸もとが若々しく見えます。

　そこでおすすめなのが、**「入魂プッシュアップ」**です。プッシュアップとは、いわゆる腕立てふせのこと。大胸筋を中心に、腕の上腕三頭筋や背中の広背筋を鍛えて、美しい上半身を作ります。両腕を曲げて上体を下げたとき、溜《た》めを作って大胸筋を十分に伸ばした状態で維持します。この状態から上体を持ち上げると筋肉がつくのです。最初は「ひざつき入魂プッシュアップ」から始めて、らくにできるようになったら、両腕と爪先だけで全身を支える「入魂プッシュアップ」を行ってください。

入魂プッシュアップで
鍛えられる主な筋肉

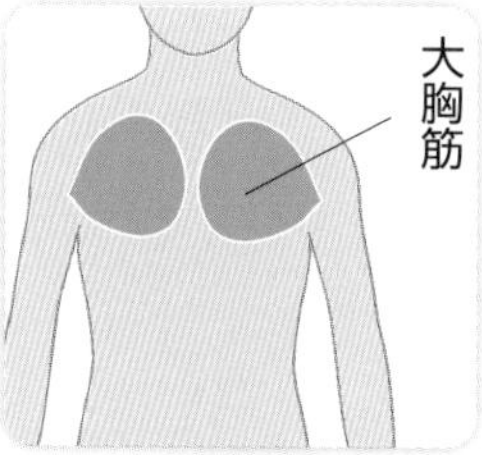

大胸筋

初級 ひざつき入魂プッシュアップ

上半身のボディメイク術①

体操の目的

体の重い人や筋力が弱い人は、ひざをついて行う入魂プッシュアップから始めるといい。大胸筋を中心に上腕三頭筋や背中の広背筋を鍛えて、美しい上半身を作る。

❶ 両手を肩幅よりやや広く開いて床につき、ひざを直角に曲げて床につける。爪先を持ち上げる。

後頭部からひざまでが一直線になるように意識する
太ももとふくらはぎの角度は90度が目安
両手は肩幅よりやや広く開いて床につく

❷ ひじを曲げながら上体を下げ、胸が床につく寸前で2～3秒止める。次に、両手で床を押して上体を持ち上げ、❶の姿勢に戻る。

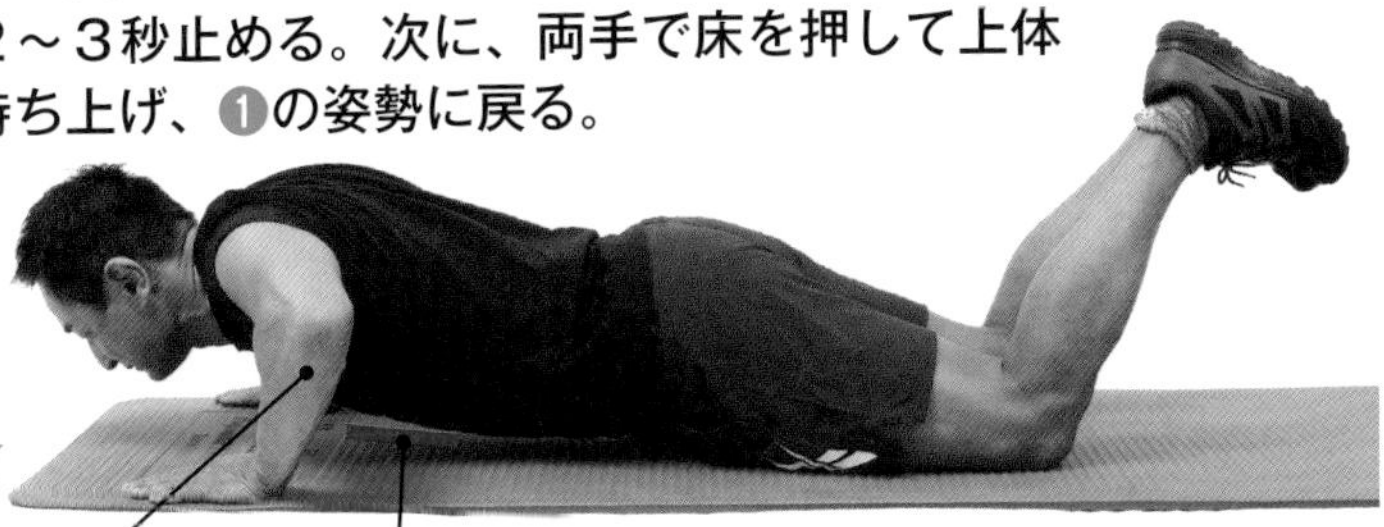

ひじを曲げて上体を下げていく
胸が床につく寸前で上体を止めてその姿勢をキープ

初めは10～20回が目安。疲れて続けるのがいやになってから、さらに5～10回続けて（その間に脂肪が燃えて筋肉がつく）1セットとする。なかなか疲れてこないときは動作をゆっくり行う。

▼

1日1～3セットを目安に週に5日行う。

入魂

ここが入魂ポイント！

上体を床につく寸前まで下げた位置で2～3秒静止して「溜め」を作る。

中級 入魂プッシュアップ

上半身のボディメイク術❷

体操の目的　両腕と爪先だけで全身を支え、ひじを曲げ伸ばしして体を上げ下げすることで、大胸筋を鍛える。

❶ 両手を肩幅よりやや広く開いて床につく。爪先を立てて、両腕と爪先で全身を支える。

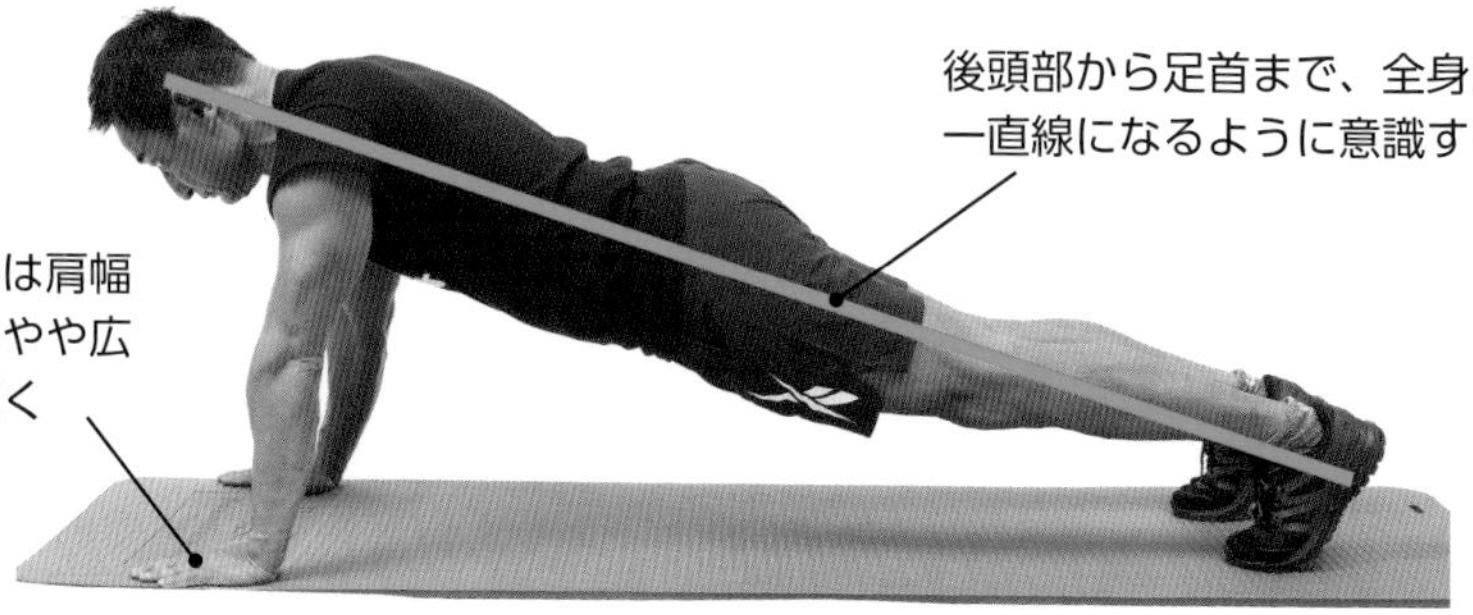

後頭部から足首まで、全身が一直線になるように意識する

両手は肩幅よりやや広く開く

❷ ひじを曲げながら上体を下げ、胸が床につく寸前で2～3秒止める。次に、両手で床を押して上体を持ち上げ、❶の姿勢に戻る。

胸が床につく寸前で上体を止めてその姿勢をキープ

初めは10～20回が目安。疲れて続けるのがいやになってから、さらに5～10回続けて（その間に脂肪が燃えて筋肉がつく）１セットとする。なかなか疲れてこないときは動作をゆっくり行う。

▼

1日**1～3**セットを目安に週に5日行う。

入魂

ここが入魂ポイント！

上体を床につく寸前まで下げた位置で２～３秒静止して「溜め」を作る。

背骨まわりの筋肉を鍛えて美しい背中を実現！
バランス感覚も養う「入魂ダイアゴナル」

■体幹の筋肉を一気に鍛える効果がある

上半身を美しく見せるための筋トレをもう一つ紹介しましょう。それが**「入魂ダイアゴナル」**です。ダイアゴナルは、体幹（胴体の筋肉）全体を鍛える運動です。腹筋と背筋が同時に鍛えられるとは驚きです。腹筋の中では腹横筋、背筋では多裂筋に最も効果があるといわれています。さらに、腹直筋や腹斜筋、脊柱《せきちゅう》起立筋にも効果があります。

脊柱起立筋は、棘《きょく》筋・最長筋・腸肋《ちょうろく》筋の3つの筋肉の総称で、その範囲は頭蓋骨《ずがいこつ》から骨盤までに至ります。特にこの筋肉を鍛えると、背すじの伸びたスラリと美しい背中になります。また、片手・片ひざをついた不安定な姿勢で行うので、バランス感覚が養われてふらつかなくなり、歩行のさいの姿勢も美しくなります。

入魂ダイアゴナルで鍛えられる主な筋肉

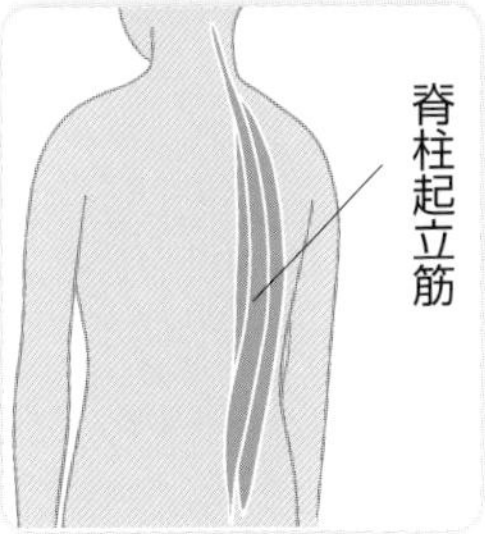

脊柱起立筋をはじめ体幹全体を鍛える

入魂ダイアゴナル

上半身のボディメイク術③

体操の目的

四つばいの姿勢から、右手と左足を床と平行に持ち上げる運動（逆の手足も行う）。姿勢の要となる脊柱起立筋を鍛えて、背すじの伸びた美しい背中になる。

❶ 両手を肩幅に開いて肩の真下につく。両足は肩幅に開いてひざをつき、四つばいの姿勢になる。

腰が反ったり丸まったりしないように注意する

顔は真下に向ける

❷ 右手と左足を上げて、背中と同じ高さにして５秒キープする。ゆっくりと❶の姿勢に戻り、今後は左手と右足を上げる。

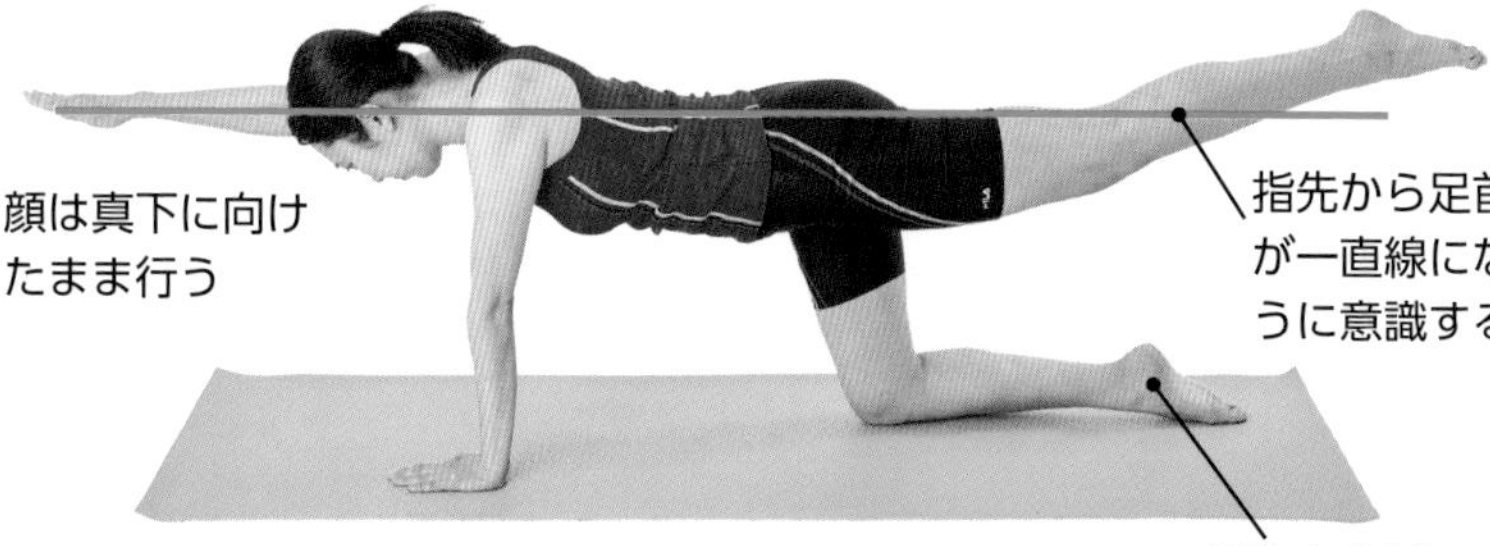

顔は真下に向けたまま行う

指先から足首までが一直線になるように意識する

足先を上げてひざだけで体を支えるとさらに強度アップ

最初は左右各10～20回が目安。疲れて続けるのがいやになってから、さらに各５～10回続けて（その間に脂肪が燃えて筋肉がつく）１セットとする。なかなか疲れてこないときは動作をゆっくり行う。

▼

1日1～3セットを目安に週に5日行う。

入魂

ここが入魂ポイント！

床と平行に上げた手と足は、背伸びをするように遠くへ伸ばし切り、その状態で５秒静止して「溜め」を作る。

第8章

ポーズ・姿勢・所作で印象が激変！ 外見力アップ！ 知らないと損する男女別「ボディの魅せ方」

ネコ背・ストレートネック・O脚など、老けて見える姿勢のクセを正し、ひときわ若々しくなるストレッチ

■老けて見える最大の原因は「ネコ背の姿勢」にあり

いつまでも若々しく美しくいたいなら、おなかの脂肪を減らしてやせるだけでなく、ほかにも大切な要素があります。それは、「姿勢」です。

上の写真を見てください。どちらも私を真横から撮影した写真ですが、左の写真は背中が丸まったネコ背の姿勢で、右の写真は背すじをまっすぐに伸ばした写真です。どちらのほうが若く見えるかは一目瞭然《りょうぜん》でしょう。背中が丸まっていると、実際の年齢よりも老けて見えてしまうのです。つまり、若々しさの決め手は、背すじの伸びた

老けて見える背中とは

背中が丸まったネコ背の姿勢は、実年齢よりも老けて見える(左の写真)。若々しくありたいなら、背すじを伸ばした姿勢が必須(右の写真)。

正しい立ち姿

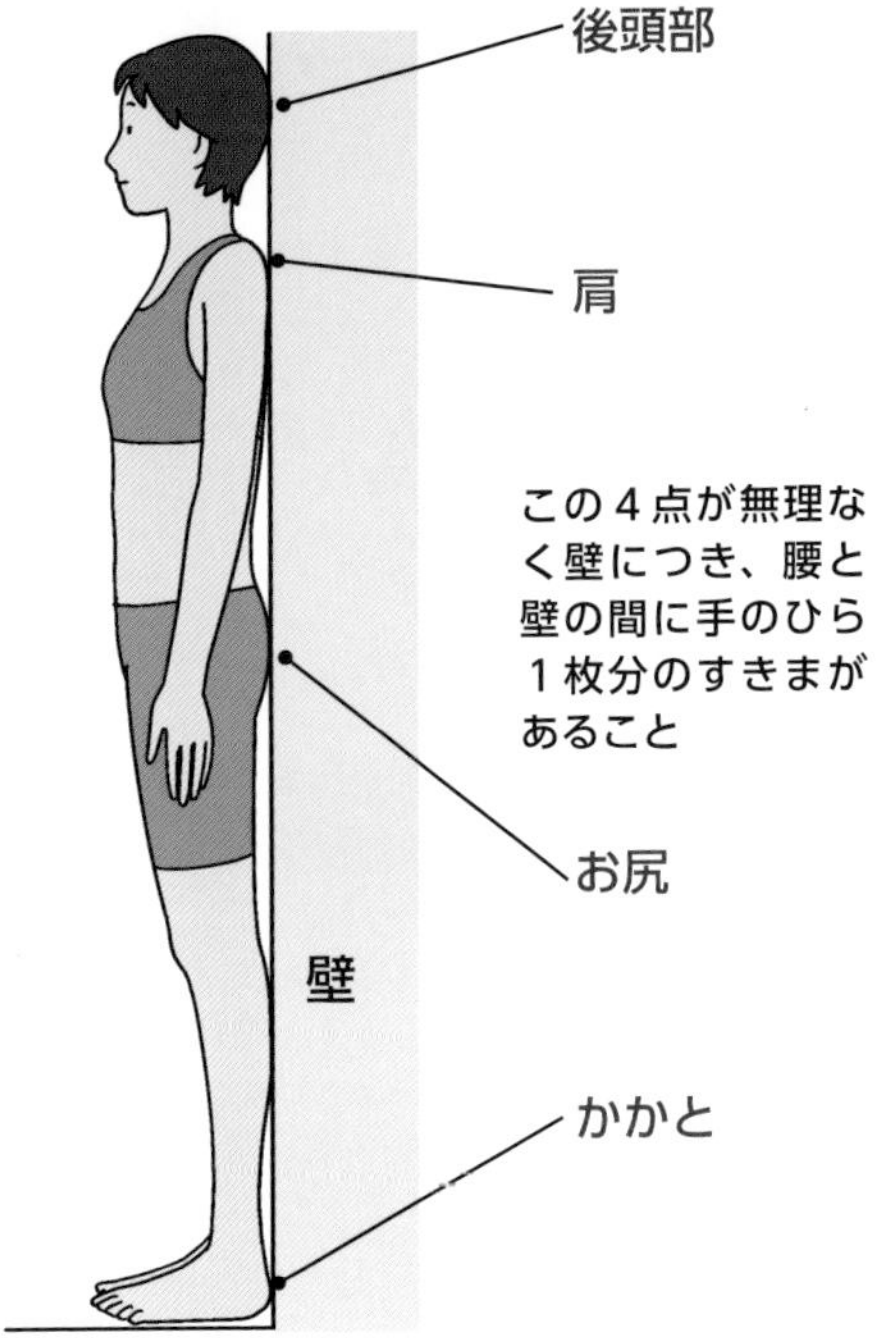

背中にあるといえるでしょう。

自分がネコ背になっているかどうかをチェックするには、両足のかかとを壁につけて立ってみてください（左の図参照）。**後頭部、肩、お尻《しり》、かかとが無理なく壁について、腰と壁の間に手のひら1枚分のすきまがあるのが、正しい立ち姿**です。

この姿勢を苦しいと感じたり、力を入れないとこの立ち姿ができなかったりする場合は、ネコ背の姿勢がクセづいている可能性があります。

■悪い姿勢を正す3種のストレッチ

誰しも体の使い方や姿勢にはクセがあります。ネコ背は、スマートフォンやパソコンの操作で、前かがみのうつむき姿勢を長く続けているのが原因でしょう。

こうした悪い姿勢を長く続けていると、頚椎《けいつい》のゆるやかな前弯《ぜんわん》（前方への弯曲）が失われて首や肩のこり、痛みを招く「ストレートネック」になることがあ

●ネコ背正し→**ネコ伸びストレッチ**

四つばいになり、両手を前に伸ばして背中を反らせるストレッチ。こり固まった背中の筋肉を柔軟にしてネコ背のクセを取る効果がある。

背中をできる
だけ反らせる
両手は肩幅に開
いて前に伸ばす

背中を反らせた姿勢を30秒キープするのを1セットとして、朝晩に布団の上で1～2セット行う。

さらに効果アップ！

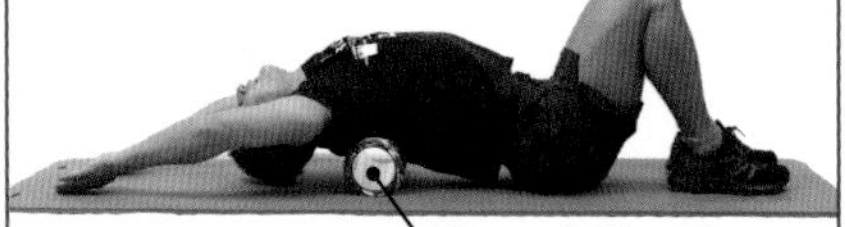
フォームローラー

市販のトレーニング器具「フォームローラー」を使用すれば、より効果的に背骨の動きを柔軟にすることができる。肩甲骨の下にフォームローラーを置いて、2～3分キープするのを1セットとして朝晩に布団の上で1セットずつ行う。

ります。

また、日本人に多いO《オー》脚は、足をそろえて立ったときに、ひざとひざの間にすきまがあいてしまう状態です。歩き方や立ち方の姿勢のクセによって起こり、進行するとひざの軟骨がすり減ってきます。

姿勢にこのような悪いクセがついてしまった場合には、姿勢を正すためのストレッチがおすすめです。ストレッチで筋肉の硬直を和らげたうえで、体に「正しい姿勢」を覚え込ませるわけです。

そこで、ネコ背、ストレートネック、O脚のそれぞれを正す3種類のストレッチを紹介しましょう。気になる部分があれば、ぜひ行ってみてください。

●ストレートネック正し→**うなじ伸ばし**

トレーニングに使う市販の「フォームローラー」をうなじに当てて、下に押しつける。ゆっくりと顔を左右に振ってもよい。頚椎の失われた前弯を取り戻して、ストレートネックの改善に役立つ。

顔をゆっくりと左右に動かしてもいい
うなじをフォームローラーに押しつける
フォームローラー

うなじをフォームローラーに押しつけて2～3分キープする。途中で顔を左右に動かしてもいい。朝晩に布団の上で1セットずつ行う。

●O脚正し→**タオル挟み**

O脚の人でも、イスに座った状態であればひざどうしをつけることができる。その状態を立ったときにもクセづけるためのストレッチ。ひざの間に折りたたんだタオルを挟み、そのまま立ち上がってひざが開かないようにキープする。3ヵ月もすれば脚の形が変わってくる。

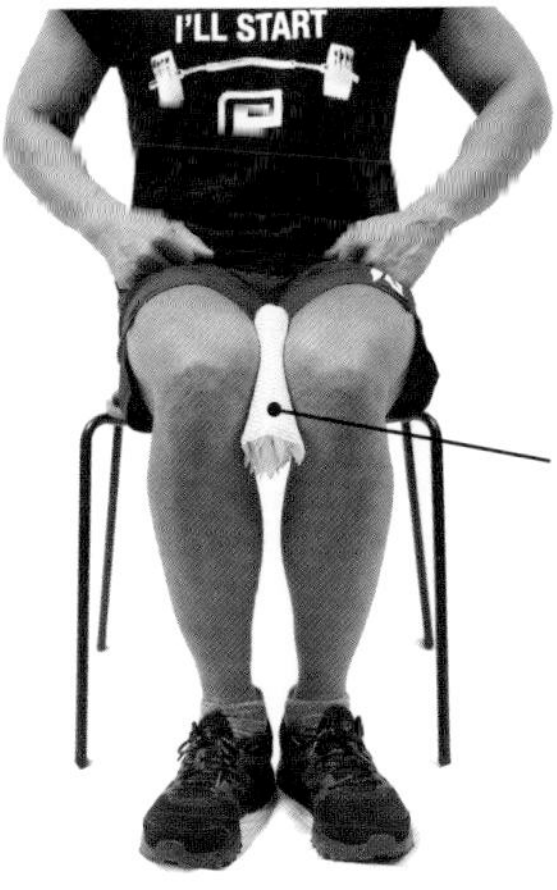
I'LL START
ひざの間にタオルを挟む

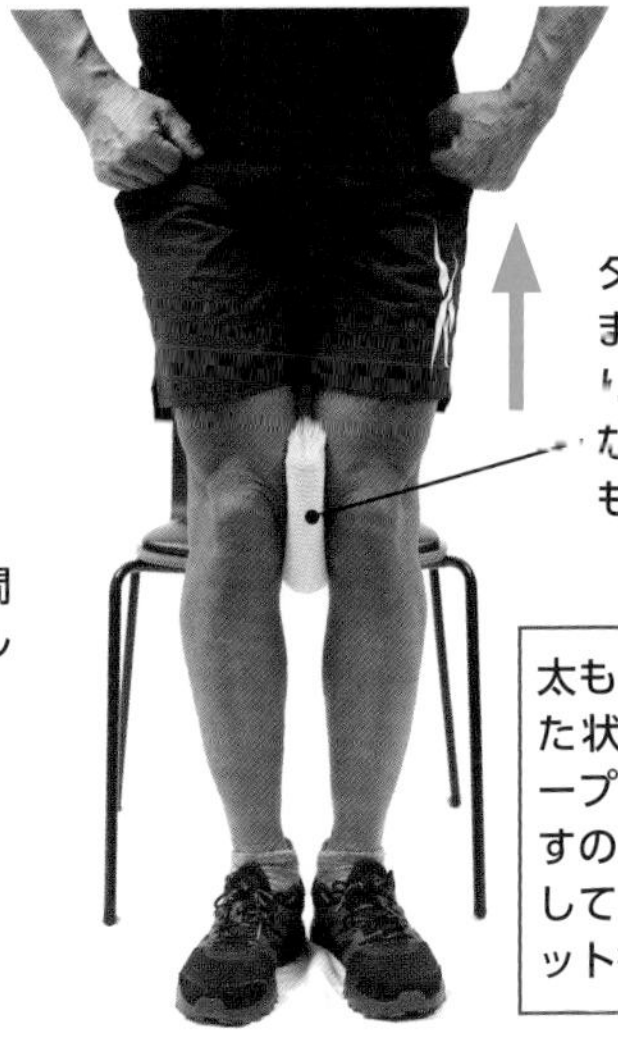
タオルを挟んだまま立ち上がり、ひざが開かないように太ももに力を入れる

太ももに力を入れた状態で20秒キープ。3回くり返すのを1セットとして1日2～3セット行う。

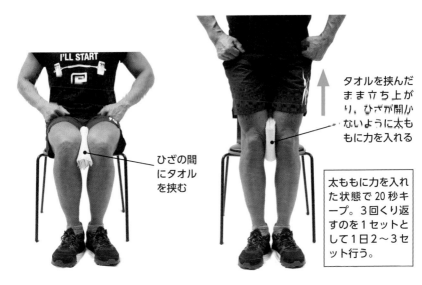

所作によっても印象は大きく変わる。毎日実践したい「魅せるポーズ」を伝授

■SNSの普及で、自分の写真を公開する機会が増えている

若くて美しい印象でいたいなら、姿勢とともに、「所作」も重要なポイントです。

所作とは、立ち居ふるまいや身のこなしなど日常生活の動作のこと。例えば、イスに座るときに両脚を大きく広げたり、ふんぞり返ってイスに座ったりするのは、決していい所作とはいえません。会話をするときにあごを上げるクセがあると、相手は見下されているように感じることがあります。よく見ようとして目を細めるクセも、相手に不快感を持たれることがあります。姿勢と同様に、悪い所作がクセになってしまうと、いくらダイエットに成功して見栄えのいい体を手に入れたとしても台無しです。

特に、最近では、SNS（ソーシャルネットワーキングサービスの略。インターネット上の交流サービス）で、自分の写真を公開する機会も増えています。撮影した写真

すがすがしい笑顔とともに好印象を与える
顔の位置の正し方

初めて会う人に好印象を与えるには、顔の位置がとても重要。あごが上がって上から目線になると、相手は見下されているように感じたり、あごが下がりすぎて上目使いになると、卑屈な印象を持たれやすい。いったん顔を真上に向けてから、正面を向き、あごを引いた位置が好印象の顔の位置なので覚えておくといい。

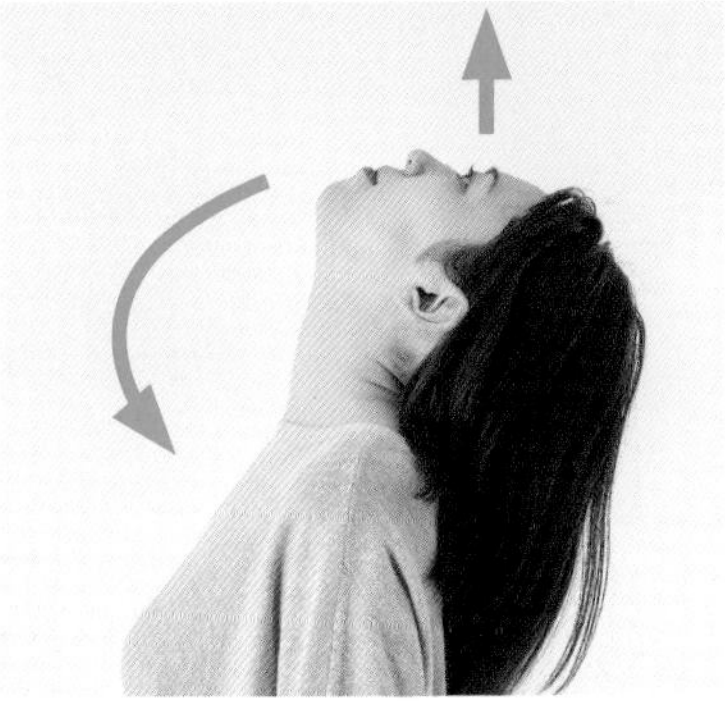
天にあごを突き刺すようなイメージであごを上げ、首はそのままの位置であごだけを下げる

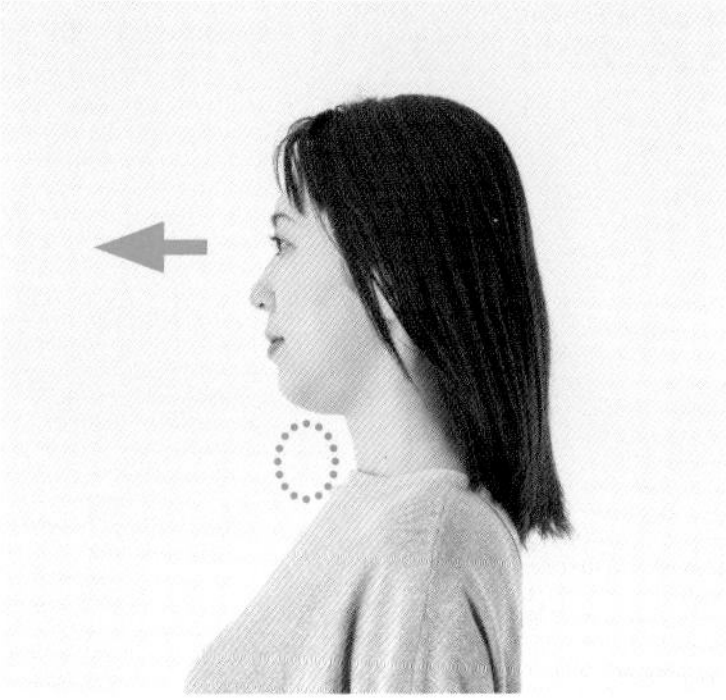
あごの下にこぶし1つ分のスペースをつくるのが、正しいあごの位置

に自分の悪い所作が写っていれば、多くの人にそれを公開することになってしまいます。

そこで、ここからは、美しく素敵に見える所作を紹介します。ボディコンテストでも、ボディの魅せ方としてとても重要な要素です。

例えば、顔や手、肩の位置などを意識するだけでも見た目の印象は大きく変わります。自分からは見えない後ろ姿についても、素敵に見せる方法を紹介します。日常生活で実践するだけではなく、特に写真を撮影するときには、これらの「魅せるポーズ」を意識してみてはいかがでしょうか。

印象ががらりと違って見える「手」と「肩」の魅せ方

立ち姿勢や座り姿勢では、腕から指先までの見せ方が重要。女性は指の背を相手に向け、男性は手の甲を相手に向けると好印象になる。

■女性は指先がポイント

指先をしっかり見せるときれい

○

３枚の写真を見比べると、体の両わきにだらんと腕を下ろした左の写真や、肩を寄せた中央の写真より、おヘソの位置で両手を重ねた右の写真が美しく見える。

ここがポイント！

親指以外の４本の指を伸ばして相手に向けることが重要。肩甲骨を１センチほど中央に寄せるつもりで胸を張るとさらにきれいに見える。

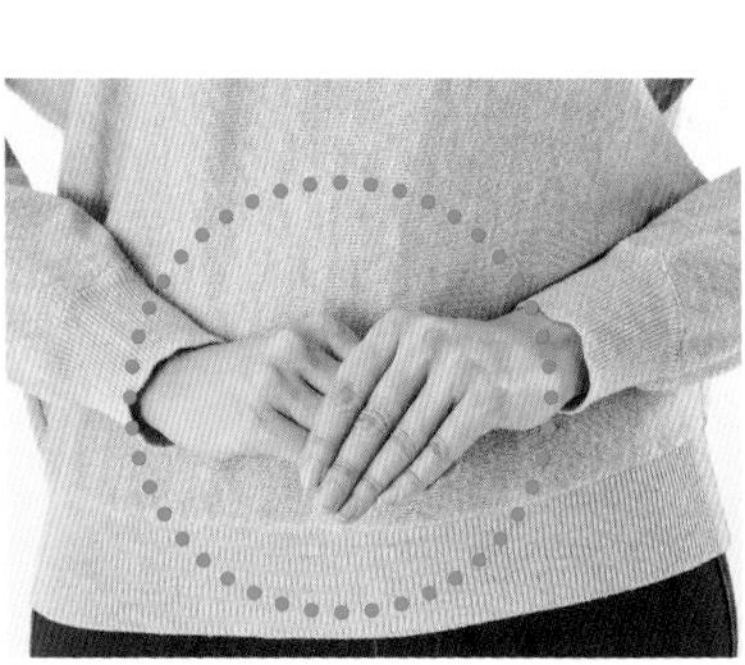

■男性は手の甲がポイント

手の甲を正面に向けるとたくましく見える

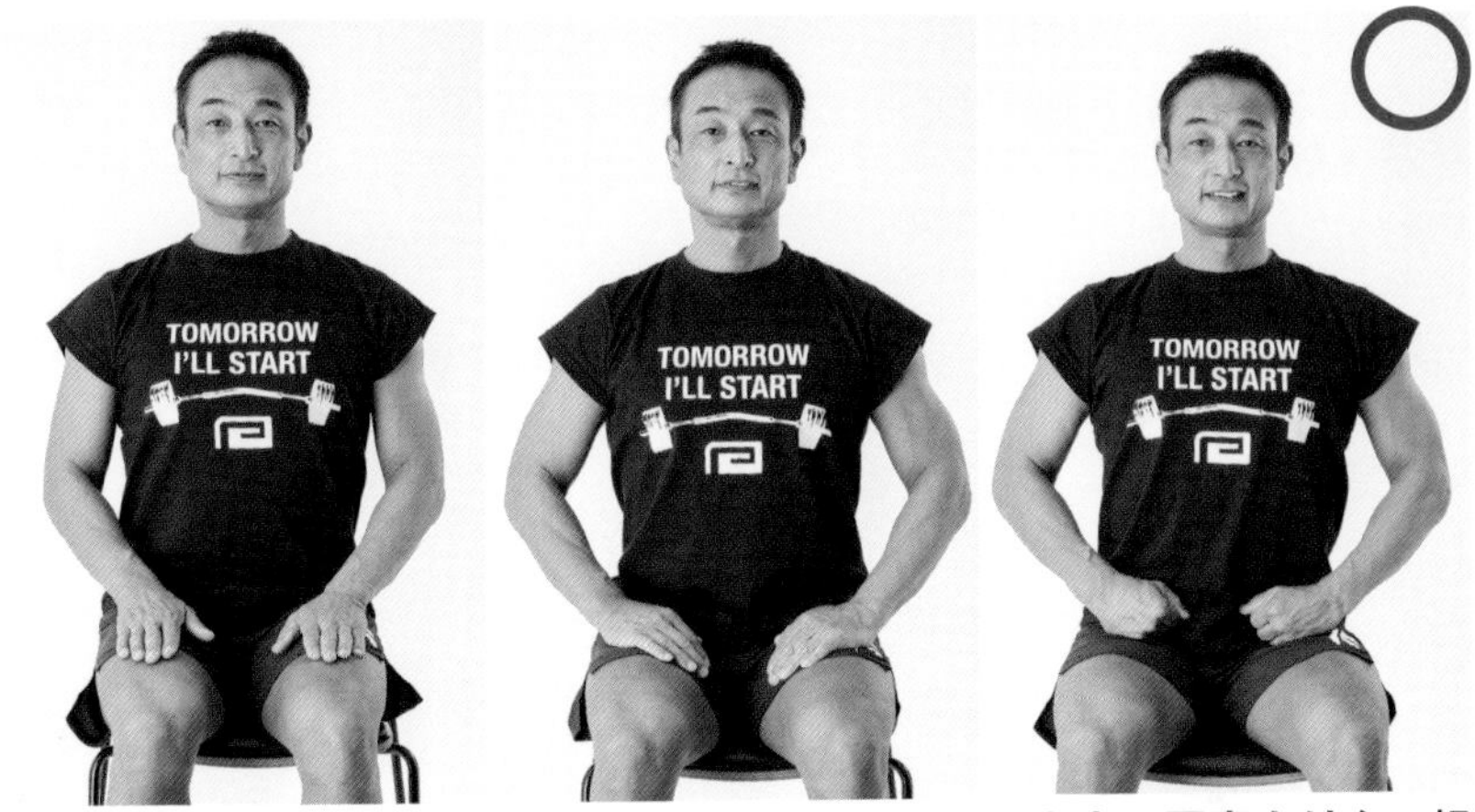

３枚の写真のうち、太ももに手のひらを乗せた左と中央の写真よりも、軽くこぶしを握って太ももの上に置き、手の甲を相手に向けている右の写真が、最も肩幅が広く、たくましく見える。

立っているときも同様に手の甲を正面に向ける

軽くこぶしを作って、手の甲を相手に向けると腕も太くたくましく見える。

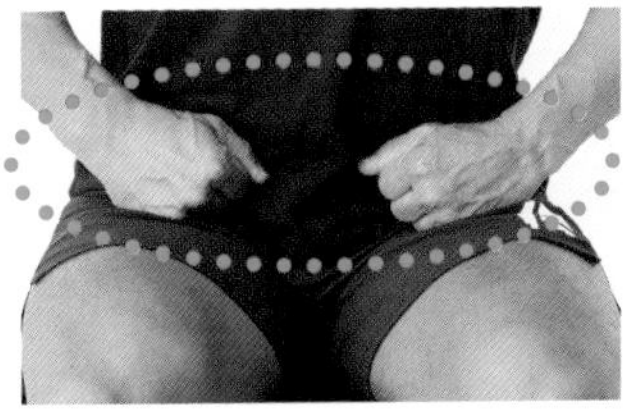

ここがポイント！
こぶしを握り、手の甲を正面に向ける。わきの下に卵を１つ挟んだつもりで、ひじを軽く外側に開くと肩幅が広がりたくましく見える。

「ヒップアップ」させて
脚をスラリと見せるポイント

後ろ姿は、自分で確認する機会が少ないだけに、つい油断してしまいがち。ひざをくっつけるように太ももの内側に力を入れると、お尻の筋肉が引き締まってきれいに見え、脚もスラリとして見える。

後ろ姿も
油断せず
意識すること！

普通に立ったところ。ひざの間があいてしまう人が少なくない。

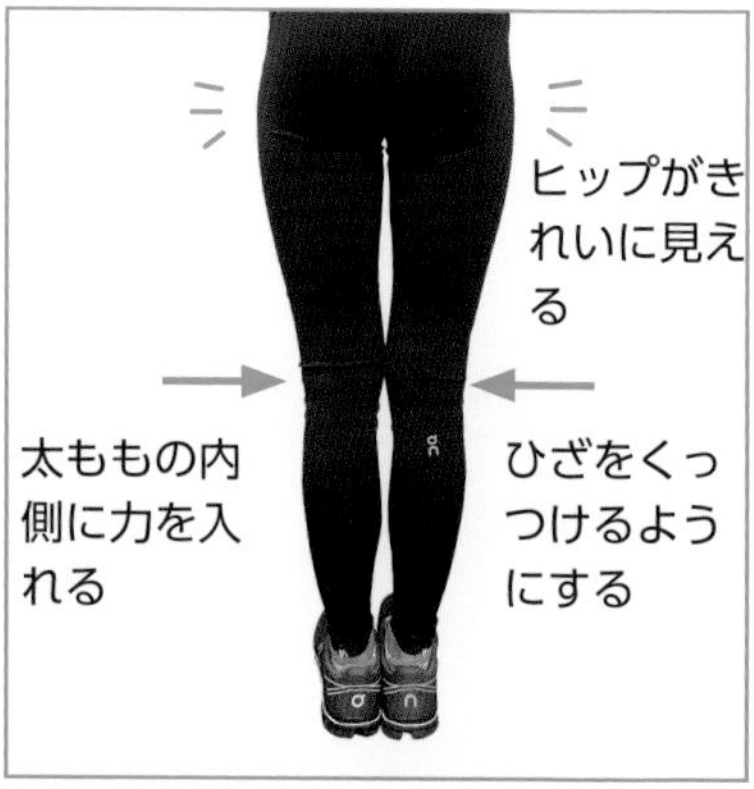
ヒップがきれいに見える
太ももの内側に力を入れる
ひざをくっつけるようにする

太ももの内側に力を入れると、両脚がまっすぐに見えるうえ、ヒップアップ効果がある。特にO脚の人におすすめ。

第9章

失敗続きのダイエットに見事に成功！おなかがへこんだ！実例集

実例❶

93センチのメタボ体型のウエストが83センチに減！体が絞り込めて筋肉が効率よく増えた

望月英良《もちづきひでよし》（48歳・東京都・会社員）

●望月さんの変化
体　重　：3.5キロ減
ウエスト：10センチ減

■椎間板ヘルニアで足腰が痛んだ

私は、30歳のころから「ウェイクボード」というスポーツを始め、大会にも参加するようになりました。ウェイクボードとは、海や湖でスノーボードに似た板に乗り、ロープでモーターボートに引っぱってもらいながら、水上を滑るスポーツです（左ページの写真参照）。水上でジャンプやターンを行うため、全身に強い負担がかかります。

そのせいか、5年ほど前、足腰に痛みを感じて近所の整形外科を受診したところ、腰椎《ようつい》椎間板ヘルニアと診断されました。椎間板から中の髄核《ずいかく》という組織が飛び出て、腰椎（背骨の腰の部分）の中を通る神経を圧迫し、足腰に痛みやしびれが現れる病気です。そこで、選手仲間から紹介されたのが、吉原潔《よしはらきよし》先生だったのです。

■筋肉の最大収縮時に力を込めるのがコツ

椎間板ヘルニアの治療を受けながら、先生からは、ウェイクボードの選手生命を延ばしたいなら、全身の筋肉をもっと鍛えたほうがいいといわれました。当時の私は、体重77キロで、ウエストが92～93センチのメタボ体型。体脂肪を減らして全身に筋肉をバランスよくつけることが、ケガを防い

←モーターボートに引っぱってもらいながら、ウェイクボードを行う望月さん

→トレーニングを行う望月さん。体重は減ったが、筋肉はむしろ増加した

←山中湖で行われた大会では１位に入賞

で、骨や関節を守ることになるというのです。

椎間板ヘルニアの症状はほぼ解消しましたが、２０１７年からは、吉原先生から直接、筋トレの指導を受けるようになりました。やみくもに運動の回数をこなすのではなく、筋肉が最大に収縮したときに力を込めたり、最大に伸展しているときにその状態を維持したりすると、効果的に筋肉が鍛えられるというのです。

整形外科医であり、スポーツトレーナーとして骨も関節も筋肉も知り尽くした吉原先生の指導は、とてもわかりやすく、着実に結果に結びつきました。３年間で、体重が73・5キロ、ウエストは83センチに絞り込めており、筋肉が明らかに増えていました。

私は、今でもケガなく、ウェイクボードの大会に出場しつづけています。選手を続けていられるのは先生のおかげと、とても感謝しています。

実例❷

50代から体重が減らなくなったが、1日30分の速歩とプロテインで2カ月で4キロ減

神山《かみやま》みどり（仮名・61歳・埼玉県・会社役員）

●神山さんの変化
体　重：**4.1**キロ減
体脂肪：**2.95**キロ減

■特定健診で、メタボに該当した

20歳のころから、体重は50キロを挟んで2〜3キロの増減があるくらいで、「少し太めだが、肥満ではない」状態でした（身長152センチ）。53キロを超えても、ダイエットをすればすぐもとに戻りました。ところが、50代になったころから、体重の自己最高記録を次々に更新し、ダイエットをしてもやせなくなってしまったのです。

さらに、新型コロナウイルス感染症が広がり、外出を控えるようになってからは、運動不足のせいか、どんどん体重が増えていきました。毎日30分、犬の散歩に出かけても、体重はいっこうに減りません。そして、2021年2月には体重が58・4キロまで増え、BMI（肥満指数）は「肥満」と判定される25・3になりました。

ちょうどそのころ、市役所から特定健診の結果が届きました。最大血圧が153ミリ（140ミリ以上で高血圧）、空腹時血糖値が128ミリグラム（100ミリグラム以上で特定保健指導の対象）で、「メタボリックシンドローム」に該当していたのです。

■2カ月でウエストがくびれはじめた

そんなとき、吉原潔《よしはらきよし》先生から、やせたいのなら、

2月17日
・体　重：58.4キロ
・体脂肪：35.47キロ

3月17日
・体　重：56.3キロ
・体脂肪：33.99キロ

4月19日
・体　重：54.3キロ
・体脂肪：32.52キロ

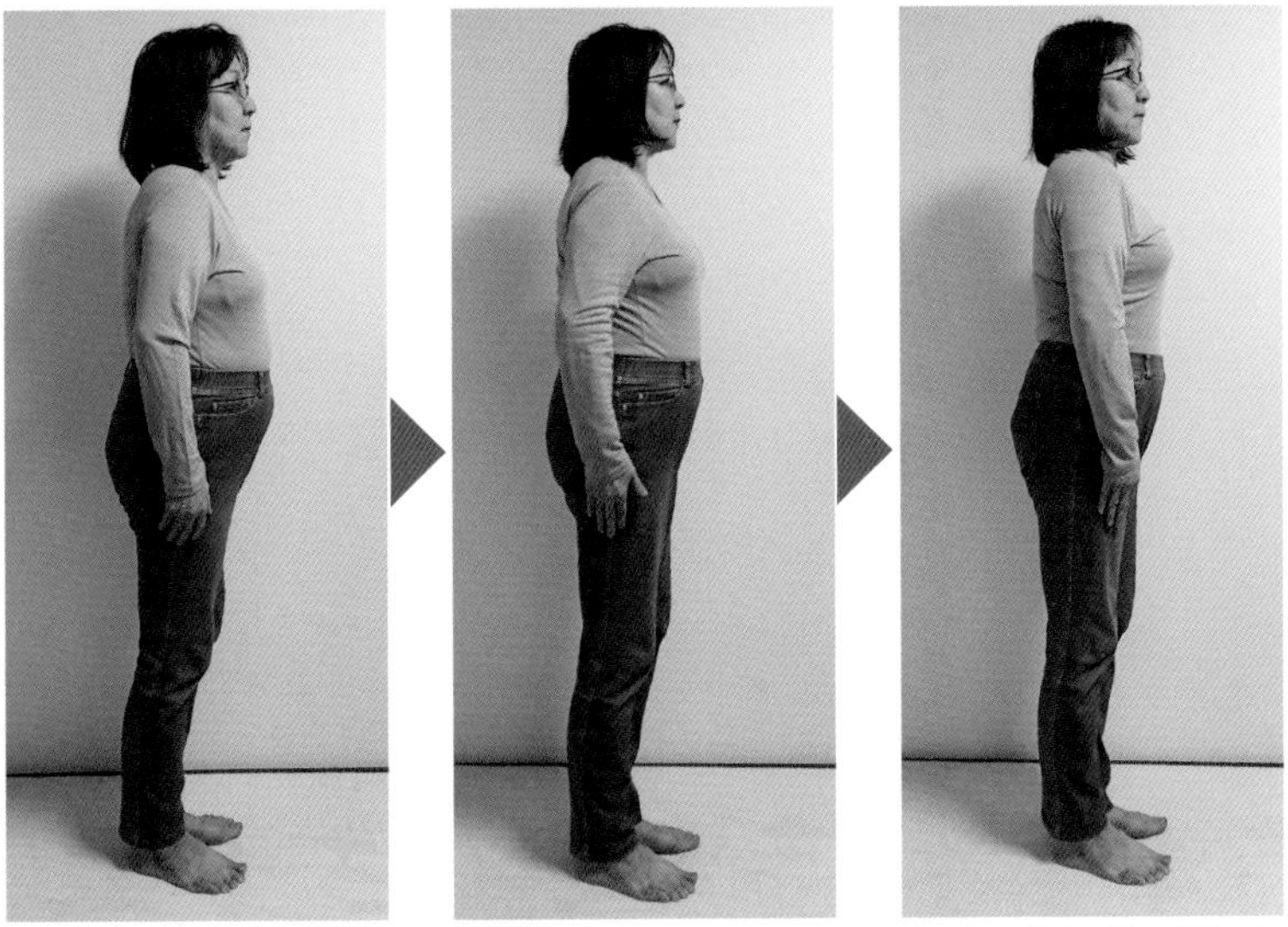

バストよりもおなかのほうがぽっこりと突き出ていたが、少しずつ解消されておなかがやせてきた

まず食事が大切であることを教わりました。「朝食を抜かない」「たんぱく質を意識してとる」「食べすぎに注意する」とアドバイスされたのです。

アドバイスに従ってダイエットを始めたのが、2月17日。のんびり歩いていた犬の散歩を速歩で行いました。おなかがすいたときは、おやつ代わりにプロテインを飲んだので、つらさを感じずに続けることができました。

すると、体重が少しずつ減り、ぽっこり出ていたおなかがやせはじめました。2カ月で体重は約4キロ、体脂肪量は約3キロ減りました（上の写真参照）。うれしいことに、降圧薬を服用しなくても、最大血圧が134ミリまで下がっていたのです。速歩での散歩が適度な運動となり、降圧効果をもたらしたのかもしれません。あと約2～4キロ減らして昔の体重になることを目標に、このままダイエットを継続していこうと考えています。

実例❸

在宅生活で招いた高血糖が改善し、おなかがやせて体重・体脂肪もダウン

森田《もりた》洋子《ようこ》（62歳・東京都・パート）

●森田さんの変化
体　重：3.4キロ減
体脂肪：2.4キロ減

■コロナ禍の外出控えで高血糖になった

私がスポーツジムに通いはじめたのは、50歳になるころでした。ベンチの上であおむけになってバーベルを上げ下げする「ベンチプレス」では、東京都の大会で優勝した経験もあります。

ところが、２０２０年の春からは、新型コロナウイルス感染症が広がったせいで、外出を控えるようになり、ジム通いも中止。すると、かかりつけの内科医から、ヘモグロビンＡ１ｃの値（特定保健指導の基準値は5・6％未満）が高いことを指摘されました。それまでは基準値の範囲内だったのに、２０２１年の1月には6・9％まで上昇していたのです。正月におせち料理やお菓子を食べすぎたことも、血糖値が上がってしまった原因の一つでしょう。このまま血糖値が高かったら、治療が必要になると内科医から告げられました。

私は、腰部脊柱管狭窄症《せきちゅうかんきょうさく》（背骨の空洞が狭くなり神経が圧迫される病気）で、２０２０年3月に吉原潔《よしはらきよし》先生の手術を受けており、その後もリハビリと経過観察のために定期的に通院していました。そこで、血糖値を下げるにはどうしたらいいか、と吉原先生に相談したのです。

↑さらなる血糖値の低下をめざして、最近はジムでのトレーニングを再開

先生からは、甘い物や食べすぎを控えることと、できるだけ体を動かすことを指導されました。そして、糖の吸収を抑える効果のあるサラシノールという成分を多く含む「サラシア茶」をすすめられました（サラシア茶については85ページ参照）。

■生活を改善し、サラシア茶を毎日飲んだ

買い物に行くときも、できるだけ遠くの店まで足を延ばすようにするなど、意識して体を動かすようにしました。もちろん、お菓子などの甘い物は控えて、コーヒーに砂糖を入れるのもやめました。そして、通販でサラシア茶を取り寄せて、毎日飲むようにしたのです。

このような生活改善を始めたのが、２０２１年2月4日のことです。このとき、私の体重は76・8キロ、体脂肪量が31・9キロでした。そして、3月23日にはおなかの脂肪がだいぶ減って、体重が73・4キロ、体脂肪量は29・5キロになっていました。2カ月弱で、体重が約3・4キロ、体脂肪量が約2・4キロも減ったことになります。

肝心のヘモグロビンＡ１ｃの値は6・7％と少しだけダウンしていました。ヘモグロビンＡ１ｃの値は、１～２カ月間の血糖値の平均なので、改善させるのが大変だそうですが、早くも低下が認められて喜んでいます。

最近、スポーツジムでのトレーニングを再開しました。さらにヘモグロビンＡ１ｃの値が下がることを期待しています。

実例❹

もともと太ってはいなかったが、筋肉を鍛えたら10キロやせ体脂肪率はなんと5％

神長《かみなが》　涼《りょう》（28歳・東京都・スポーツトレーナー・柔道整復師）

●神長さんの変化
体　重：10キロ減
体脂肪率：5％減

■大会出場に向けてスリムな筋肉美をめざす

私は現在、吉原潔《よしはらきよし》先生が院長を務める脊椎《せきつい》クリニックに勤務しています。

学生時代にバスケットボールをやっていて、スポーツトレーナーの資格を持っていることから、卒業後も近所のスポーツジムで体を鍛えていました。友人にも体を鍛えている人が多く、ボディビルの大会や、吉原先生も出場した「ベストボディ」の大会（8ページ参照）に出場する人も多くいたのです。

こうした大会への参加に興味を持っていたところ、吉原先生から、「目標を持って体を鍛えるのは、とてもいいこと」とすすめられて、大会出場を決意しました。私がめざしたのは、「モデルジャパン」という大会で、ベストボディよりはスリムな体型で、なおかつバランスのいい筋肉が審査されます。

■先生から実践的なアドバイスをもらった

吉原先生からは、大会に出場するためのさまざまなアドバイスをもらいました。

食生活では、ＰＦＣバランス（たんぱく質・脂質・炭水化物のバランス）を考えながら、たんぱく質

←スリムな体と筋肉の美しさを競う「モデルジャパン」の大会に出場

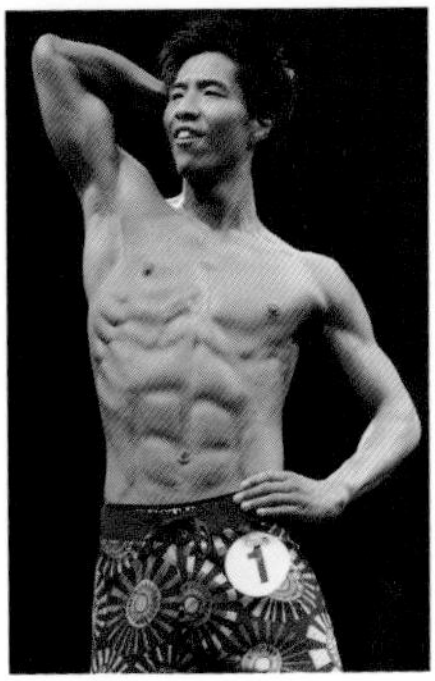

→大会前は、体脂肪率５％までに絞り込んだ

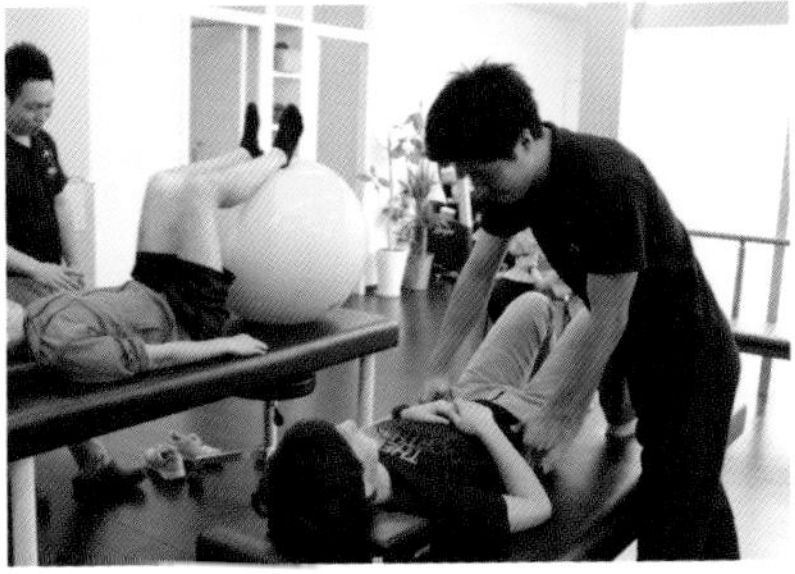

→脊椎クリニックで柔道整復師として、患者さんのリハビリをサポートしている

を意識して摂取することが重要なのは、私も知っていたのですが、フライや天ぷらの衣をはがして食べることなど、ちょっとした食事の工夫の積み重ねが大事であることを教わりました。

　スクワットではフォームが大切で、筋肉の収縮時に力を込めると、効果が高まることも教わりました。そして、具体的にどんな体になりたいかをイメージしながら、「腕を鍛える日」「肩を鍛える日」などを作って、体のパーツ別に鍛えていくといいこともアドバイスされたのです。教科書には載っていない、まさに吉原先生ならではの実践的なアドバイスでした。

　以前は、体重72キロ、体脂肪率は10％でしたが、大会出場時には、62〜63キロ、体脂肪率は5％まで絞り込めていました。残念ながら、入賞は果たせませんでしたが、これからもまた体を鍛えて、大会に出場したいと思います。

ウォーキングと筋トレはどちらが先？　空腹で眠れないときはどうする？
長続きさせるコツは？　など、ダイエットの疑問に答える

吉原式

最高のやせ方Q&A

Q1 なぜ太っているとよくないのでしょうか？

A 肥満は手術でも麻酔がかかりにくくコロナ感染症も重症化しやすくいいことなし。

肥満が健康に悪影響を及ぼすことは、みなさんもよくご存じでしょう。高血圧・糖尿病・脂質異常症（高脂血症）・高尿酸血症・脳卒中・心筋梗塞《こうそく》など、数え上げればきりがありません。

２０１３年６月に、米国医師会（ＡＭＡ）では、肥満を「治療が必要な疾患《しっかん》」と認定しています。

肥満は、こうした内科的疾患を招くほか、検査を行うときにも、皮下脂肪が厚くて採血が難しい、レントゲンやＣＴで被曝《ひばく》量が多い、ＭＲＩの機械に体が入らないなど多くの不利な点があります。

外科領域でも、標準体型の人に比べて手術がやりにくく、傷が大きくなりやすいことがあげられます。手術のさいの全身麻酔でも、太っていると麻酔がかかりにくく覚めにくいのです。ＢＭＩが35以上ある肥満の人は、合併症が起こるリスクが高く、保険点数も高く設定されているくらいです。

新型コロナウイルス感染症（COVID-19）でも、肥満した人は、重症化しやすいという報告もあり

ます。さまざまな事態に備えて、肥満はできるだけ早く解消しておきたいものです。

Q2 GI値の低い食品を選んで食べたほうがいい？

A GI値を気にするよりも、食べすぎないようにすることが大切。特に糖質は、摂取量に要注意。

GI値（グリセミック・インデックス）とは、食品ごとの食後血糖値の上昇度を示す指数のこと。一般に、GI値が高い食品は、糖質が分解されてブドウ糖に換わるまでのスピードが速く血糖値が急上昇するのに対して、GI値が低い食品は、血糖値の上昇がゆるやかとされています。そのためGI値の高い白米よりも、GI値の低い玄米のほうが太りにくいとされています。ただし、白米も玄米も、もとを正せば同じ「米」なので、血糖値の上がり方が極端に変わるわけではなく、玄米でも、食べすぎれば当然、太ります。糖質は摂取量に注意するほうが大切です。

Q3 ダイエットが続きません長続きさせるコツは？

A ノートやカレンダーにダイエットの記録をつけると励みになって長続きする。

おすすめは、ダイエットを始めたら、その日から記録をつけることです。ノートやカレンダーなどに、毎日の体重・体脂肪率・骨格筋量、どんな運動を何回・何分・何セット行ったか、何を食べたかなどを記録します。成果が確認できるので、ダイエットの励みになります。

とはいえ、あまりにもたくさんの項目を記入しようとすると、それが負担になって長続きしません。無理をせず、最初は体重や体脂肪率など、気になる項目の記録から始めて、徐々に項目を増やしていくのもいいでしょう。

Q4 プロテインを選ぶときのポイントはありますか？

A 粉末タイプがおすすめ。溶けやすいものを選ぶのがポイントで好みの味を選ぶといい。

プロテイン食品には、牛乳を材料とするホエイプロテイン、カゼインプロテイン、大豆を原料とするソイプロテインの主に3種類があります。最近では、ゼリータイプやドリンクタイプなどもコンビニで入手できるようになりましたが、継続してプロテインをとるなら、コストの面からも、好みの量を水や牛乳に溶かして飲む粉末タイプがおすすめです。価格は1キロ当たり３０００～４０００円程度です。少量の水でも溶けやすいものを選んでください。溶けやすいかどうかはサンプルパックなどで試してみるといいでしょう。

バニラ味やチョコレート味、コーヒー味など、バリエーションも多いので、好みの味を選んだり、飽きてきたときは味を変えたりして、プロテインをとる習慣を長続きさせてください。

Q5 食欲を抑える薬があると聞きました。その効果は？

A 食欲を抑える薬はあるが完全に食欲がなくなるわけではない。本人の「やせたい気持ち」が重要。

医師のもとで肥満治療を行っており、高度肥満（ＢＭＩ35以上）の場合には、食欲抑制薬が処方されることがあります。食欲中枢《ちゅうすう》に働きかけて、食欲を抑える薬とされています。

ただし、完全に食欲がなくなるわけではありません。食べようと思えば、普通に食事ができます。そのため、1ヵ月以内に効果が見られなければ投与を中止するなど、服用に当たっては、細かい注意事項が定められています。つまり、食欲をコントロールするには、本人の「やせたい」という気持ちが重要なのです。

Q6 ボディビルダーに人気のメニューとはどんなもの？

A 摂取カロリーを管理するのに最適。ダイエット中であれば、ネットで調べて、ぜひ試してみて。

一部のボディビルダーたちの間で、コンテストに向けて、筋肉を減らさずに体を絞るのに最適として、話題のメニューがあります。

その一つが「沼《ぬま》」で、少量のお米にたっぷりの鶏胸肉、干しシイタケやオクラを入れてカレー味に仕上げた雑炊に似たメニューです。もう一つは「マグマ」で、米、鶏胸肉、干しシイタケ、オクラに大量のタマネギとトマト缶を入れて鍋で作るリゾットです。

いずれも、腹持ちがよく、たんぱく質やビタミンが補給できる低カロリー食です。ボディビルダーに限らず、ダイエット中の人であれば、ぜひとも試してみたいメニューです。インターネットで検索してみてください。

私自身も
体を絞りたいときには
「沼」や「マグマ」を
利用しています
TOMORROW
I'LL START

Q7 夕食後に食べないでいると おなかがすいて眠れません

A とるとしたら、EAAかBCAAのサプリメントだが、高価なので、就寝前は食べない習慣を身につけて。

就寝中は、おなかに何も入っていない状態が理想です。しかし、おなかがすいてどうしても眠れないというのであれば、「EAA」のサプリメントを飲むといいでしょう。

EAAとは、人間の体を構成するアミノ酸のうち、体内で作ることができず、食事でとる必要のある9種類の「必須《ひっす》アミノ酸」のこと。EAAをはじめとするアミノ酸は、筋肉などの材料になるほか、エネルギーとして使われます。

就寝30分~1時間前に、EAAを補っておくことで、寝ている間に筋肉の合成が促され、その結果、空腹でも筋肉量が減るのを抑えます。

EAAのうち、特に、バリン、ロイシン、イソロイシンの3つの必須アミノ酸を「BCAA」と呼び、こちらも、就寝前のおなかがすいたときの飲み物としては合格です。

EAAもBCAAも、サプリメントとして市販されていますが、プロテインよりも値段が高くなります。ダイエットを長続きさせるなら、「就寝前の2~3時間は食べない」という生活習慣を身につけるほうが、お財布にもやさしいのでおすすめです。

EAAもBCAAも
高価なのが難点。
就寝前に何も食べない
生活習慣を身につけて
TOMORROW
I'LL START

Q8 筋肉をつけたいときに野菜や果物は必要？

A たんぱく質ばかりでなくビタミンやミネラルを多く含む野菜や果物も必要です。

たんぱく質ばかりでなく、ビタミンやミネラルも必要です。野菜や果物には、ビタミンやミネラル、食物繊維が豊富に含まれています。

運動のあとの疲労回復や筋肉の修復など、ビタミンには、筋肉の合成や強化を促す働きのあるものが少なくありません。また、筋肉の収縮や弛緩《しかん》には、ミネラルが大きくかかわっています。食物繊維には、食後血糖値の急激な上昇を防いで、体脂肪が蓄積されるのを防ぎます。

つまり、筋肉をつけたいのであれば、野菜も果物も必要なのです。ただし、果物は、糖質を多く含むので、食べすぎには注意です。

Q9 「糖類ゼロ」「ゼロカロリー」の製品を選べば間違いない？

A 「糖類ゼロ」「ゼロカロリー」でも、カロリーがあることも。うっかりとりすぎないこと。

「炭水化物」から食物繊維を除いたものを「糖質」といい、でんぷんや糖アルコール、オリゴ糖などがあります。糖質のうち砂糖やブドウ糖などの単糖類・二糖類は「糖類」に分類されます。

「糖類ゼロ」と表示されている製品は、糖類はゼロでも、オリゴ糖などの糖質が使われていることがあり、カロリーが全くな

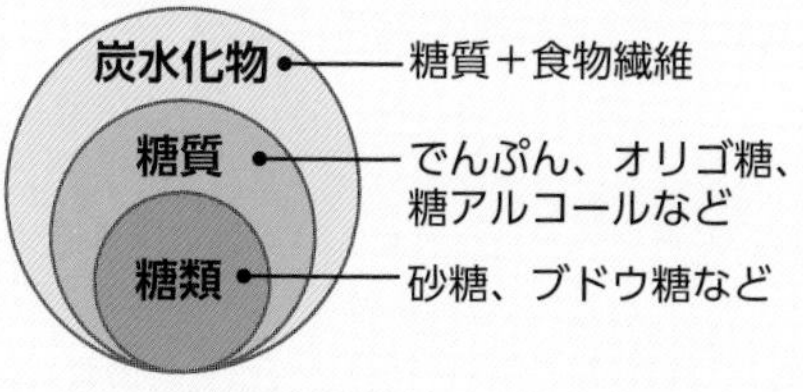

炭水化物
糖質＋食物繊維
糖質
でんぷん、オリゴ糖、糖アルコールなど
糖類
砂糖、ブドウ糖など

いとは限りません。
カロリー表示にも１００グラム（飲み物は１００ミリリットル）当たり5キロカロリー以下なら、「ゼロカロリー」や「ノンカロリー」と表示可能、１００グラム当たり40キロカロリー（飲み物は20キロカロリー）で「カロリーオフ」「低カロリー」と表示することができます。うっかりとりすぎないように注意してください。

Q10 ウォーキングの前のスクワットがいいって本当？

A 本当。筋トレ→有酸素運動の順で行うと体脂肪を燃やす効果がさらにアップ。

ダイエットのために、ウォーキングやジョギングなどの有酸素運動を行っている人は多いでしょう。本書でも、こま切れでいいので1日30分以上の超速足でのウォーキングを推奨しています（93ページ参照）。

こうした有酸素運動を行う前に、筋トレを行うと、ダイエット効果がさらに高まることがわかっています。筋トレを行うと成長ホルモンが分泌《ぶんぴつ》されます。成長ホルモンは、子供のうちは体を成長させるために使われますが、大人になってからは筋肉や骨を強化する働きがあります。

つまり、本書で紹介している「入魂スクワット」（１０４ページ参照）を行ってから、ウォーキングをすれば、体脂肪を燃やす効果がさらに高まります。

ただし、先に有酸素運動を行ってから筋トレをするのはＮＧ。エネルギーが使われて空っぽの状態で筋トレを行うと、体脂肪ばかりでなく筋肉まで減ってしまう可能性があるからです。

Q11 筋トレの回数やセット数は多いほどいい？

A 本書の回数はあくまで目安。つらいと感じてから数回行い筋肉を鍛える。

本書では、筋肉量を増やして体脂肪を燃えやすくしたり、おなかやせやダイエットに効果的な運動を紹介しています（第4～7章参照）。そして、運動をくり返す回数や時間、1日に行うセット数の目安なども説明しています。

ただし、これはあくまでも「目安」としての回数や時間ととらえてください。というのも、人によって筋力や瞬発力、持久力、バランス力といった基礎体力は異なるからです。例えば、「10回くり返すのを1セットとして、1日3セット行う」という運動がらくらくとできる人もいれば、きつくてとてもできないという人もいます。

本来、筋肉量を増やすためのトレーニングでは、「つらいと感じてから行う回数」で、筋肉のつき方が異なってきます。これを、トレーニング用語では「**オールアウト**」といい、すべてを出し切るという意味があります。鍛えたい部位の筋肉に負荷をかけ、疲れ切ってヘトヘトになるまで運動することが筋肉を増やすベストな方法なのです。

本書では、目安となる回数がわからないと、戸惑う読者もいるかと思い、一応の目安の回数を載せています。本書の運動を行ってみて、目安の回数をらくらくクリアできたら、少しずつ負荷を増やしてください。そして、つらくなってきたら、あと数回行います。これが、その人にとっての運動の適正量なのです。目安の回数に達していなくても、つらいと感じたら、あと数回だけ続けてそこでやめてもかまいません。

運動を続けているうちに、より多くの回数を行えるようになるでしょう。それこそ、筋肉量が増えている証拠なのです。

おわりに

頑張り・我慢・無理はダイエットの大敵。無理なく継続できるダイエットこそ「最高のやせ方」

インターネットやテレビでは、「○日で簡単にやせられる」「飲むだけで内臓脂肪が減る」など、思わず飛びつきたくなるようなダイエット情報がそこかしこにあふれ、玉石混交の状態。何を信じればいいか、わからなくなっている人も少なくないことでしょう。

本書では、「なかなかやせられない」と嘆く一般の男女に向けて、医者とスポーツトレーナーとしての知識、そして、みずから肥満体型を克服しボディメイクを続けてきた経験から得た、「誰でも無理なく継続できて確実に結果が出るダイエットの基礎知識」を説明してきました。いかがだったでしょうか。

「継続に勝るダイエットなし」。つまり、無理なく継続できるダイエットこそ「最高のやせ方」なのです。最初から頑張って本書の内容のすべてを実践する必要はありません。頑張り・我慢・無理はダイエットの大敵です。できるものから、少しずつ始めていけばいいのです。結果が出てくれば、やがて意識が変わり、自然と生活習慣も変わってきます。そうすれば、あなたの体型には目に見える好変化が次々と現れてくるに違いありません。

「ダイエットは難しい」。今、多くの人がそう思っていると思います。しかし、本書の内容を実践し、適切な食習慣と運動習慣を継続することでおなかの脂肪を減らしながら筋肉を少しずつつけていけば、そう遠くない将来に必ず「ダイエットはやさしい」と思えるようになるはずです。

そう思える日をめざして、毎日、無理なく楽しみながら、ダイエットに取り組んでほしいと思います。

整形外科専門医　フィットネストレーナー　吉原　潔

おなかの脂肪
みるみる落ちて
素敵に筋肉がつく
最高のやせ方大全

整形外科専門医
フィットネストレーナー
吉原　潔

日本医科大学を卒業後、日本医科大学整形外科に入局。帝京大学医学部附属溝口病院整形外科講師、三軒茶屋第一病院整形外科部長を経て、アレックス脊椎クリニック院長。

医学博士。日本整形外科学会専門医、脊椎脊髄病医、内視鏡下手術・技術認定医（FESS・MED）、日本脊椎脊髄病学会指導医、日本内視鏡外科学会技術認定医、日本スポーツ協会公認スポーツドクター、全米エクササイズ＆スポーツトレーナー協会（NESTA）公認パーソナルフィットネストレーナー、食生活アドバイザー。
4,000例を超える脊椎内視鏡手術のスペシャリストでありながら、筋肉トレーニングや体重管理に精通したスポーツトレーナーのダブルライセンスを有し、プロスポーツ選手の治療も数多く手がける。みずからも筋肉トレーニングを行いボディコンテストに出場し、受賞歴多数。

2021年6月8日　第1刷発行

著　　　者　吉原　潔
編　集　人　飯塚晃敏
編　　　集　わかさ出版
編 集 協 力　香川みゆき（フィジオ）　松尾直俊　早草れい子
装　　　丁　下村成子
本文デザイン　喜安理絵
イ ラ ス ト　前田達彦　喜安理絵
撮　　　影　石原麻里絵（fort）
モ　デ　ル　中川朋香
料理・カロリー計算　早崎知代
発　行　人　山本周嗣
発　行　所　株式会社文響社
〒105-0001　東京都港区虎ノ門2丁目2－5
共同通信会館9階
ホームページ　https://bunkyosha.com
お問い合わせ　info@bunkyosha.com
印 刷・製 本　三松堂株式会社

ISBN 978-4-86651-374-4

本書は専門家の監修のもと安全性に配慮して編集していますが、本書の内容を実践して万が一体調が悪化する場合は、すぐに中止して医師にご相談ください。また、心身の状態には個人差があり、本書の内容がすべての人に当てはまるわけではないことをご承知おきのうえご覧ください。